社群营销

杨泳波 | 著

人民邮电出版社

北 京

图书在版编目（CIP）数据

社群营销 / 杨泳波著. -- 北京：人民邮电出版社，
2018.9（2023.8重印）
ISBN 978-7-115-48745-2

Ⅰ. ①社… Ⅱ. ①杨… Ⅲ. ①网络营销 Ⅳ.
①F713.365.2

中国版本图书馆CIP数据核字(2018)第128501号

内 容 提 要

　　本书共 10 章，深度解析了社群时代的商业模式和法则，详细介绍了深挖社群思维、构建社群规则、搭建管理架构体系、活跃社群氛围、组建运营团队、创建社群文化、社群复制裂变、商业变现的策略与方法，以及社群运营分析与运营法则等内容。通过理论结合案例的形式，向读者展示了如何进行社群运营，教会读者如何把潜在客户变成忠诚客户，深度挖掘蕴藏在社群中的财富。

　　本书既适合对社群感兴趣的读者作为全面了解社群运营的参考读物，又适合想通过学习本书解决社群运营中遇到问题的社群运营者、社群创业者、自媒体运营者、移动互联网营销运营者阅读，还可以作为院校社群运营相关课程的教材。

◆ 著　　　　　杨泳波
　　责任编辑　　古显义
　　责任印制　　马振武

◆ 人民邮电出版社出版发行　　北京市丰台区成寿寺路 11 号
　　邮编　100164　　电子邮件　315@ptpress.com.cn
　　网址　https://www.ptpress.com.cn
　　涿州市般润文化传播有限公司印刷

◆ 开本：700×1000　1/16
　　印张：13　　　　　　　　　2018 年 9 月第 1 版
　　字数：244 千字　　　　　　2023 年 8 月河北第 8 次印刷

定价：39.80 元

读者服务热线：(010)81055256　印装质量热线：(010)81055316
反盗版热线：(010)81055315
广告经营许可证：京东市监广登字 20170147 号

互联网的迅速发展为人们带来了无限的信息，也拉近了人们之间的距离。而移动互联网更是让企业找到了与消费者直接接触和交流的机会及最有效的变现方式。企业只要抓住了用户的痛点，便可迅速地聚集一群追随者，进而形成社群。

简单来说，社群就是一个群体基于某个点（如兴趣、爱好、身份、需求等）而衍生的社交关系链。在进行口碑传播、收集用户需求、提高用户忠诚度等方面，社群有着其他渠道无法比拟的天然优势。一个高质量、运营出色的社群甚至能够进行产品销售，或者是让用户直接参与产品研发。

社群是移动互联网时代的产物。在移动互联网的作用下，人们进入了以价值观和信任为基础构建的新社群时代。未来的经济中社群经济不可小视，社群经济模式也将推动移动电子商务高速发展。

当下，社群的火热有目共睹。企业、个人看到了社群的巨大潜力，都想布局社群，抓住风口。然而，想做社群，你真的准备好了吗？创建社群后如何设置群规、如何拉新、如何促活社群、如何组建运营团队、如何变现……是做社群之前必须思考并解决的问题。

本书以应用为中心、以有用为标准、以实用为落脚点编写，用通俗易懂的语言、图文并茂的形式，精确、简洁地讲解了相关要点，具有很强的指导性。书中穿插多个案例分析，并精心设计了课后习题，旨在帮助读者提升思考能力，学会独立分析社群运营的相关问题，在具体实践中做到集百家之长。

杨泳波

2018 年 6 月

目 录 CONTENTS

目 录 CONTENTS

1

第1章
社群思维，互联网时代未来商业的驱动力

【学习目标】
➤ 了解社群的本质。
➤ 了解社群与社区的区别与联系。
➤ 掌握社群的构成要素。
➤ 了解社群经济与粉丝经济的区别。
➤ 了解社群所处的发展环境。
➤ 了解社群的发展历程与形态。
➤ 掌握社群的类型划分。
➤ 了解社群未来发展趋势。

社群是指基于移动互联网和社交工具，拥有相同兴趣或价值观的人突破时间、空间限制聚合而成的能实时互动的群体。借助移动互联网的优势，社群成为连接企业与用户的最短路径和最经济的手段。

1.1 连接+信任＝社群的本质

互联网的本质就是建立连接。社群也不例外，其本质是在互联网基础上做进一步的连接，即连接人与信息、连接人与人、连接人与商品，通过让成员对社群产生信任来降低广告成本、搜索成本和交换成本。

1. 社群可以连接人与信息

这里所说的信息是指知识、商品信息、资源信息等。用户可以通过社群以一种更快捷、成本更低的方式获得自己想要的有价值的信息。社群在一定程度上是对互

联网时代信息冗余的一种过滤。

例如"天马帮"社群，其定位是企业家"互联网+"学习型社群，这个社群提供的都是围绕"互联网+"这一主题的有价值的内容，实现了信息甄别与筛选，为用户节省了时间成本，如图1-1所示。

图1-1　"天马帮"社群

2. 社群可以连接人与人

通过社群，那些有着共同的目标、爱好或兴趣的人可以聚集在一起进行学习、交流和资源合作。

以"黑马会"为例，其定位是一个创业者帮助创业者、创业者学习创业者、创业者成就创业者的创始人社群。在这里，用户能够快速找到可为自己提供助力的创业者或者投资人，如图1-2所示。

图1-2　"黑马会"社群

3. 社群可以连接人与商品

"酣客公社"是一个白酒粉丝社群，汇聚了一大批以中年企业家为主的白酒粉丝，如图1-3所示。有别于传统的商业模式，"酣客公社"以酒文化研讨为主，辅以全国各地举办的"酣客"活动，打造"酣客"粉丝们的心灵家园。这种全新的白酒销售模式，为其赢得大量忠诚"粉丝"的同时，也成功地打造了"酣客"这一白酒品牌。

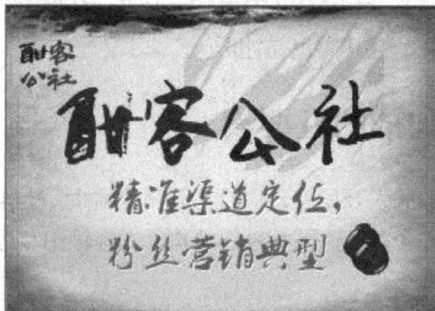

图1-3　"酣客公社"社群

1.2　社群与社区的区别和联系

从字面上来说，社群和社区中都有"社"，说明它们都是人聚集而成的产物，有一定的社会形态。不同之处在于一个是"群"，一个是"区"。社群满足的是人们寻找归属感的欲望，更加注重的是人与人在虚拟空间中的联系；社区满足的是人们寻找舒适感的欲望，更加注重的是人与人在物理空间中的联系。

相比社区，身处社群的人们之间产生了交叉的关系连接和深入的情感连接。

1. 交叉的关系连接

交叉的关系连接指的是人与人之间一种深度的了解和交流。例如，两个人是好朋友，相互必定会有对方的手机号、微信、QQ号、邮箱等联系方式。借助这些联系方式，即使他们彼此分开，两个人之间的连接也不会轻易消失。

社群中的人们之间除了会在社群中产生社交关系，在社群之外也存在着各种各样的连接。某个群友能感觉到另一个群友的存在，是因为那个人会经常出现在他的社交圈和生活圈中，如看到那个人在QQ空间里留下的脚印，在朋友圈里的点赞，在群里的一句发言……虽然两个人没有直接的交流，但也能感觉到那个人的存在。

有的群往往只是设置了一名管理员，每天发发红包或文章，成员之间的连接度很低，这样的群是不能称之为社群的。

2. 深入的情感连接

深入的情感连接就是要加深成员之间的情感，这就需要社群中的成员互相了解对方的爱好与行为。

例如，有些线下俱乐部中的成员彼此认识，并经常互动，那么这个俱乐部就是一个社群；而有的俱乐部只是让会员享受一些积分福利，会员与会员之间没有形成任何连接，这样的俱乐部就不是社群。

又如，在一个社区内，如果成员之间积极联系，形成了连接，大家经常在一起进行活动，也可以称之为社群，这是一种基于地理区位形成的社群；有的人在网络上有很多关系不错的朋友，大家会在群里聊天互动，互相影响，还会组织一些线上或线下活动来加深感情，这其实也是社群。

1.3 社群构成的五要素

一群有着共同利益的人开始互动以促进这一利益时，社群就出现了。具体来说，社群的构成要素包括五个方面，即共性、结构、内容输出、运营管理和规模化，如图1-4所示。

图1-4 社群的构成要素

1. 共性

所谓共性，是指社群中的人们对某一事物共同的认可或行为。社群的内在是求同，求同的内在是价值观趋同。这种价值观的相似会有一个具体的投射，可能是对一款产品的喜爱，比如对苹果手机、小米手机、锤子手机的喜爱等；可能是一种行为，比如爱阅读、爱旅游；可能是一类理念，比如"罗辑思维"的"有种、有趣、有料"等。这些具体的投射是形成社群连接的节点，社群连接的节点是社群产生的必要条件，是社群存在的根本。

2. 结构

很多社群之所以最终走向消亡，就是因为在社群建立之初没有对社群的结构进行合理的规划。这个规则包括成员构成、交流平台、加入原则和管理规范，如图1-5所示。做好这四个方面，是社群长久运营的保障。

图1-5 社群的结构

（1）成员构成

号召并组织具有共性的人员集中在一起，并最终形成金字塔形或环形的组织结构，第一批加入社群的成员会在社群以后的运营中产生重大的影响。

（2）交流平台

有了人，还需要有一个平台作为社群成员日常交流的大本营。如微信群和QQ

群就是一个平台，其宗旨便是协调、促进成员之间的沟通、交流。需要注意的是，微信群和QQ群的运营一定要与微信、QQ的各大功能和板块紧密结合，如语音对讲、朋友圈互动等。当然，除了微信群和QQ群这些常用平台外，有的社群还会开发出专门服务自己会员的App。

（3）加入原则

为社群设立一定的门槛作为群成员入群的筛选机制，不仅能够保证群成员的质量，同时也增加了社群的专业感，让新加入的群成员由于加入不易而更加珍惜社群。

（4）管理规范

"无规矩不成方圆"，一个优质、高效的社群需要有一套严格的管理规范，以维持社群的纪律性。确立管理规范后，只有执行到位，才能保证社群的优质、高效。

3. 内容输出

能不能为用户持续输出有价值的内容，是评判社群价值高低的标准之一。"吴晓波频道"和"罗辑思维"作为知名的互联网知识社群，其深厚的知识积累和视频、音频输出就是其生命线，如图1-6所示。再如"秋叶PPT"，依靠高质量的文章和培训视频，迅速积累了海量的粉丝群。

图1-6 "吴晓波频道"和"罗辑思维"

用户加入某个社群肯定是因为该社群能够满足他某方面的需求，因此，高质量、稳定的内容输出成为吸引用户加入并留在该群的关键。

此外，这里所说的内容输出，不仅是指社群管理团队对成员的内容输出，还包括群成员的内容输出。有高质量的用户原创内容（User Generated Content，UGC），"全员开花"的社群才是一个高质量的社群。如果仅仅是社群意见领袖的一枝独秀，那其实还是粉丝经济。

4. 运营管理

有组织的运营管理是维持社群生命的必要手段。运营规范、管理科学的社群，能够使成员有仪式感、参与感、组织感、归属感。

（1）仪式感

所谓仪式感，就是社群要有一些特定的形式和动作来彰显社群特征。比如要想入群，首先要有一份规范的入群申请；新人入群后要有一个统一的欢迎仪式；成员在社群中要接受统一的群规约束，保证社群的规范性。

（2）参与感

引导群成员不间断地互动，能够促进社群长久发展，持续维持活跃度，让成员在社群中有事可做，有所收获。

（3）组织感

社群各项活动的开展有着明确的分工，各个部门或单位之间都能高效合作，有效执行活动方案。

（4）归属感

通过线上/线下的互动、活动等，让群成员产生归属感，觉得社群就是自己的"家"，并从中获得满足，以此增强成员对社群的黏性。

5. 规模化

当社群的管理、维护日趋规范和成熟时，可以快速进行社群复制，这样社群会越做越大。但在对社群进行复制，形成规模化发展时，需要考虑以下几个问题。

① 是否有复制扩大规模的需要？

② 扩大社群规模的目的是什么？

③ 扩大规模后能为社群解决哪些问题？

④ 社群定位是否适合进行规模化运营？

⑤ 是否有能力维护大规模的社群？

社群复制并非一件简单的事，需要综合考虑人力、物力与财力等各个方面，所以必须对以上问题进行深入的考量再确定是否扩大社群规模。

1.4 社群经济VS粉丝经济：强关系与弱关系的对比

每个品牌都需要有自己的粉丝，但如果只是单纯地停留在粉丝层面，那么忠实的用户也仅仅就是粉丝而已，仍属于弱关系的粉丝经济。只有将客户变成用户，将用户变成粉丝，将粉丝变成朋友，才能构建真正意义上的社群，形成强关系的社群经济。

人们经常会将社群经济与粉丝经济混为一谈，其实两者是有本质区别的。社群经济基于一种相互交叉的关系，能更好地互动交流、服务用户；而粉丝经济则呈现中心化，所有的人都围绕某个中心运作而产生经济效应。社群经济在发展到一定阶段后可以自我运作，但是粉丝经济不行。

1. 组织结构：多对多的网状结构与一对多的结构

社群的组织结构呈现多对多的网状结构，节点与节点之间不是传统的一对一的传播，而是不规则的、跨级的、跳跃式的传播，如图1-7所示。

而在粉丝经济中，一个（或几个，或一组）意见领袖与海量粉丝形成了一对多的关系。这是一种典型的单边经营模式，它依靠一个中心进行内容的输出，并以此为基础建立信任关系，如图1-7所示。此时企业、产品、消费者之间并不是一种均衡的关系，信息传播也不是对等的，这种不对等就形成了以"意见领袖"为王，消费者边缘化的现象。

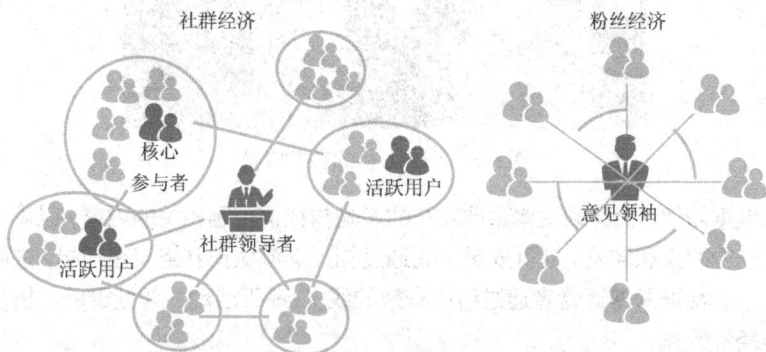

图1-7 粉丝经济模式与社群经济模式的对比

社群经济是对粉丝经济的深化和延伸，将原单边经营模式转变为去中心化的多边、无限边经营模式，通过紧紧抓住用户的心理体验和情感需求来维系用户对社群的黏性。进一步说，社群经济有效地激发了群体智慧、群体力量。

2. 互动程度：相互的价值流通与单向的价值流通

社群是因社群成员间的联系而形成的，社交媒体在其中发挥的是交流平台的作用，社群成员在社群中自由交流与沟通，他们互相感染，价值流动是相互的。

在粉丝经济中，社交媒体在粉丝与品牌之间充当着信息传播载体的角色。粉丝经济借助一个品牌（如人、物、观念等）来吸引喜爱该品牌或对该品牌有较高认可度的用户成为其粉丝。在这种关系中，信息的传递具有单向性的特点，即品牌将信息传达给粉丝，粉丝接收信息并向品牌做出反馈。这样的信息传递方式有着非常强的向心性和非理性的特性。

由于粉丝缺少横向交流及获取外界信息的有效渠道和方式，他们容易对品牌主体产生一定非理性的崇拜。即使品牌主体没有截断粉丝获取外界信息的渠道，但在其持续灌输的价值体系的影响下，粉丝从心理上很容易产生对外界信息的排斥感。

这在很多营销案例中非常常见，如苹果粉丝营销、小米粉丝营销等，其核心就是吸引目标受众的崇拜、追捧。在这种崇拜与追捧下，品牌主体及其运营者通过开发品牌价值和品牌周边产品获得经济效益。图1-8所示为小米手机的官方口号"因为米粉，所以小米"。

图1-8　小米手机的官方口号

以微博为例，社群的主体微博发布的多是与社群主题相关的内容，以供社群成员之间进行阅读和转发。社群成员之间通过相互交流认识并组织在一起，进而建立网状关系。社群微博运营者通过组织有效的线上/线下活动，为社群成员提供服务而获得经济效益。

但在粉丝经济中，微博的核心内容通常是品牌主体发布的某一新产品，其目的是刺激粉丝关注内容并产生消费。粉丝很少会在主体发布的内容下开展深入的交流，即便有互动也多是粉丝个人自说自话的评论，粉丝与粉丝之间也很难通过该平台进行相互间的联系。

3. 构成机制：基于同好的互动性组织与基于崇拜的上下关系

社群经济与粉丝经济的构成机制和交流方式决定了成员与主体之间互动的程度。社群是成员基于相同的爱好、认知而自发形成的互动性组织，而粉丝则基于对品牌主体的崇拜形成了一种与品牌主体的上下关系，这就决定了社群成员与社群主体之间的互动程度要比粉丝与品牌主体之间的互动程度高得多。

在社群中，一旦社交媒体账号在社交媒体上发布消息，社群内部就会产生相关话题，社群成员与账号主体的交流也会得到相应的解答或回复。而在粉丝群体中，一般品牌主体只会负责相关信息的发布，除了转发信息一般不会与粉丝产生其他的互动；在信息评论中，粉丝也往往只是对品牌表达喜爱或崇拜，而不会产生交流。

值得注意的是，由于成员个体对平台自身诉求的不同，在某些情况下，粉丝经济可以和社群经济实现融合与共存。

小米论坛就是一个将社群经济与粉丝经济相融合的BBS（Bulletin Board System）平台，它既有针对小米粉丝的营销内容，又有针对技术与产品问题的交流内容。毫无疑问，其中的营销内容就是刺激粉丝消费的粉丝经济，而技术帖则实现了用户与小米之间的沟通，形成用户间可进行交流的社群。同时，用户对产品的反馈和设想为小米做出针对性的改进与研发提供了资料，帮助小米获得了更大的市场收益。图1-9所示分别为小米论坛的营销内容和技术帖内容。

图1-9　小米论坛的营销内容和技术帖内容

1.5　发展环境：多方助推，发展势头强劲

飞速发展的互联网，尤其是移动互联网让人与人、人与品牌之间的联系更加便利。在这样的大背景下，社群也迎来了自己的春天，发展势头十分强劲。就目前来看，社群发展环境呈现出以下几个特点。

1. 中国互联网与移动互联网发展成熟

中国互联网络信息中心（China Internet Network Information Center，CNNIC）发布的第40次《中国互联网络发展状况统计报告》显示，截至2017年6月，我国网民规模已达7.51亿，互联网普及率达到54.3%，如图1-10所示。

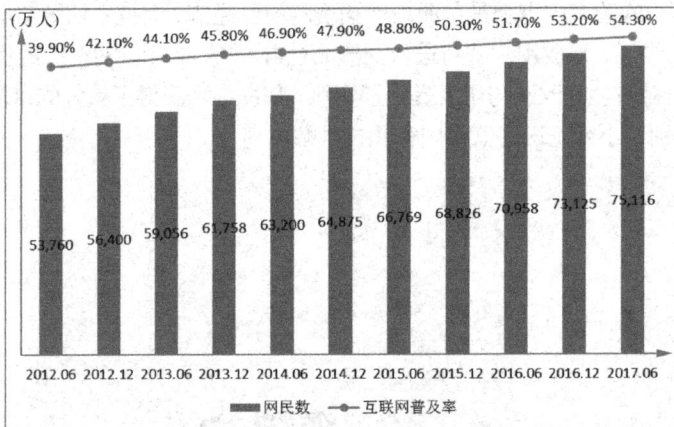

图1-10　中国互联网网民发展规模及互联网普及率（单位：万人）

我国互联网行业持续稳定发展，以互联网为代表的数字技术与经济社会各个领域融合的速度越来越快，深度不断增加，这成为促进我国消费升级、经济社会转型、构建国家竞争新优势的重要推动力。

同时，移动互联网发展逐渐成熟。截至2017年6月，我国移动互联网网民规模约为7.24亿，占网民总数的96.3%，如图1-11所示。移动互联网网民的增速已经超过整体网民的增速，中国整体网民的增长主力已经由PC互联网网民增长转为移动互联网网民的增长。

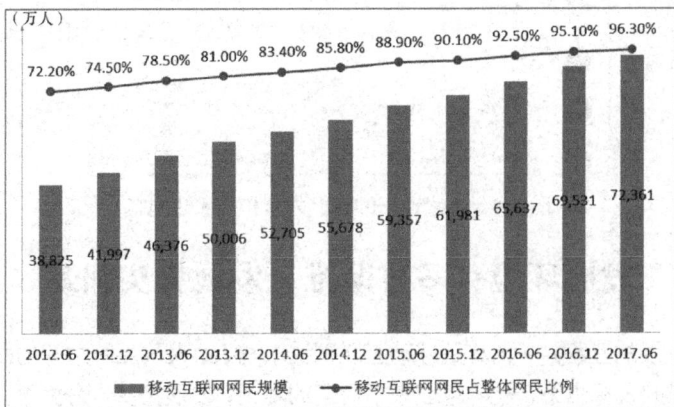

图1-11　中国移动互联网网民规模及其占整体网民比例（单位：万人）

随着移动互联网进入稳定发展期，移动互联网行业整体呈现出三大特点，如图1-12所示。

首先，各移动应用平台不断提升内容品质，注重细分市场，追求差异化发展；其次，各类综合应用平台与社交、信息服务、交通出行及民生服务等功能不断融合，打造一体化服务平台，扩大服务范围和影响力；最后，移动互联网行业不断创新模式，推动智能社会发展，为社会生产优化提供了更多可能。

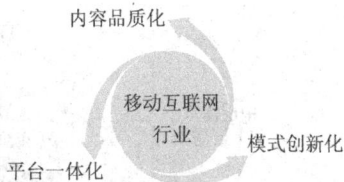

图1-12　移动互联网行业发展特点

移动互联网以互联网为依托，让网民实现了随时随地地互动，并借助通讯录绑定、身份验证、地理位置等技术，将线上互动与线下生活融为一体，再配合多元化的移动终端和应用服务，使社群功能得以延伸，让社群价值得到放大。

2. 年轻一代成为网民主力，且拥有很强的消费能力

CNNIC整理的最新数据显示，截至2017年6月，我国网民以10～39岁年龄段的网民为主，占整体网民的72.1%。其中，20～29岁年龄段的网民占比达29.7%，10～19岁、30～39岁年龄段的占比分别为19.4%、23.0%，如图1-13所示。同时，与更年长的"上一代"人相比，"80后""90后"等"年轻一代"的消费能力更强，这也为社群经济的发展奠定了良好的基础。

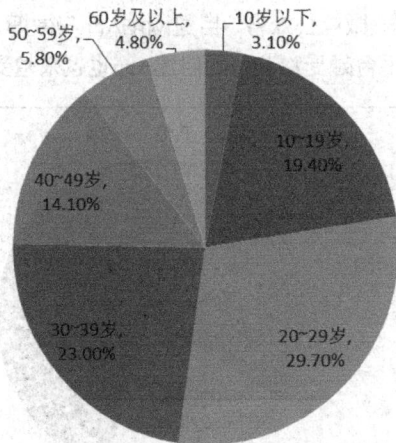

图1-13　中国网民年龄结构（截至2017年6月）

3. 用户需求的提升推动社群的发展

根据马斯洛需求层次理论，随着人们的基本需求不断得到满足，人们更加希望获得中层和上层需求的满足，如图1-14所示。而社群为满足人们的社交需求、尊重需求、自我实现需求提供了条件，为人们搭建了信息获取和娱乐消遣的平台。

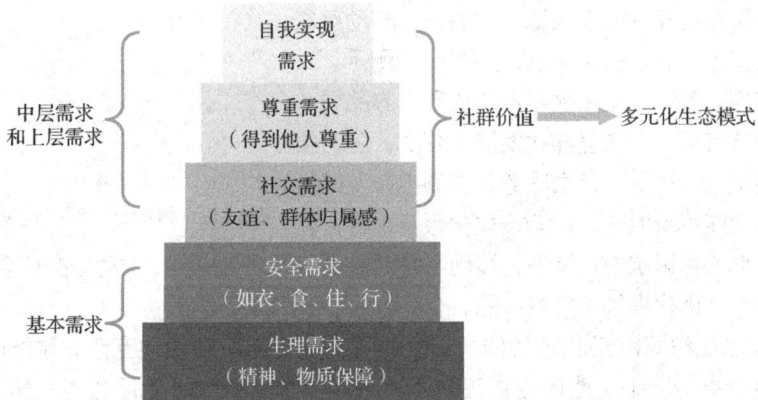

图1-14 马斯洛需求层次与社群价值关系

同时，由于社群具有塑造认同感、凝聚情感的作用，其他应用和网站也开始利用社群来增强与用户之间的互动，以提升用户黏性，促进商业价值的转换。这也让社群的边界越来越模糊，逐渐形成"平台＋产品/服务＋社群"的多元化生态模式。

4. 社交方式多样化为社群发展提供平台

社交类应用近年来发展十分迅猛，使社交方式更加多样化，如QQ空间、微博等综合社交应用，它们为网络社群提供了多样化的平台。网络社群活跃平台排名前五的分别为微信群、QQ群、微信公众号、自建网站App与微博，如图1-15所示。可见，通信聊天与实时资讯类平台颇受欢迎，而自建App也越来越受到网络社群的关注。

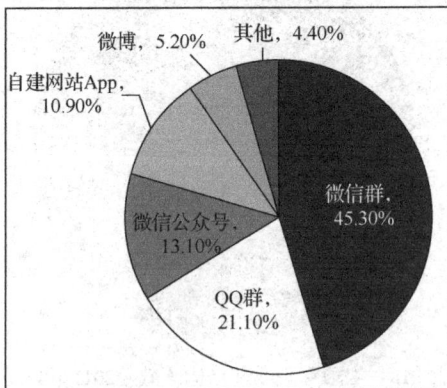

图1-15 中国网络社群活跃平台分布（2016年）

5. 在线支付系统逐渐完善

随着互联网技术的发展，我国第三方互联网支付交易规模不断扩大，且移动端支付规模增速高于PC端增速，用户支付习惯向移动端迁移，第三方支付逐渐走向移动支付时代。在线支付技术尤其是移动支付技术的完善，为社群商业的逐步发展奠定了良好的技术基础。

1.6 发展历程与形态：形成以连接为目的的社群生态

互联网是社群产生的基础，网络社交平台的更迭、用户需求的变化、新的商业模式的诞生，三者共同推动着社群的发展。社群经过十几年的发展，已经从最初的网络社区逐渐发展成为以移动端为核心的，连接人、信息与一切的社群生态。

1. 社群1.0（2002—2005年）

腾讯QQ于2002年推出群聊功能，社群形态开始出现（社群1.0）。这一阶段的社群，是现实交往的延伸，主要是为了进行信息互通、传递和情感交流，是熟人社交。

2. 社群2.0（2006—2014年）

2.0阶段的社群是以陌生人社交为主，人们基于共同的兴趣在社群中进行交流。天涯论坛、豆瓣兴趣小组、猫扑等网络社区兴起，将具有相同兴趣爱好的人们聚集在一起，形成社群的新形式。

人人网、开心网等社交网站（Social Networking Services，SNS）的出现，让网络社区初步形成规模，使用户个体的形象更加突出，基于兴趣、细分需求等的个性化标签更加清晰，用户之间的联系更加紧密，人与人之间的连接从单一节点向多个节点发展。

后期出现的微博、微信等社交平台，为用户之间的互动提供了更实用的工具，使其拥有了更多的公共表达空间。作为即时通信平台，微信提高了用户之间沟通的效率。微博与微信共同推动了社群2.0不断成长，促使社群开始出现网状结构，社群经济逐步形成。

3. 社群3.0（2015年至今）

基于移动互联网的发展，社群借助微信群、QQ群、自建网站App等工具，通过用户之间的信任感连接人与人，并将信息、资源连接起来，形成更多利益共同体，并利用新科技提升社群内外部的互动，促进社群的生态化发展。

1.7 发展模式：聚集—互动—运营—变现

社群在发展中有一套比较固定的模式，即要经历成员聚集—活跃互动—合理运营—商业变现四个阶段，如图1-16所示。经过这四个阶段的发展，社群也完成了从简单群组向品牌化、专业化发展的过程。

目前，社群的发展一般都要经历这四个阶段。在该模式的各个环节中，一些成功社群的发展策略往往具有偶然性和不可复制性，缺少较为通用的方法论和更加行之有效的工具，这也是将来社群发展过程中需要解决的问题。

成员聚集	社群的规模及发展路径在一定程度上会受到社群成员数量的影响。社群一般通过活动推广、内容分享、成员福利活动等方式进行拉新，以壮大社群规模
活跃互动	社群成员之间活跃的互动与交流是社群可持续发展的关键。一般，社群在成立之初，社群成员的活跃度较高；而要想让社群获得突破性的发展，则需要社群管理者对社群进行有效的维护与管理
合理运营	共鸣和信任更容易促使成员间连接网络的形成，从而形成社群的品牌与文化。因此，为了保持并提升社群成员对社群的情感依赖，社群管理者需要根据成员的需求和社群定位对社群进行合理的运营。运营手段包括信息共享、线上交流、线下活动等
商业变现	对于社群来说，如果一个社群拥有了品牌与文化，也就意味着该社群已经形成了较为成熟的管理与维护体系。此时也是进行社群商业化的有利时机。目前，社群商业化的方式较为单一，一般是以广告、电商为主，少量社群采取用户付费的方式变现

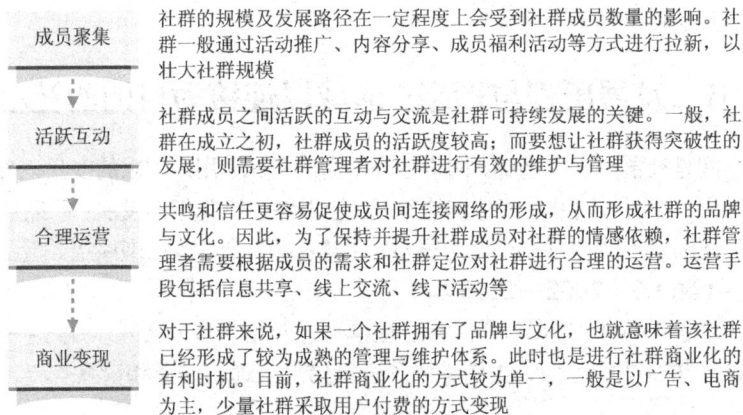

图1-16 社群发展模式

1.8 类型划分：类型多元，结构与内容影响社群文化

从表现形式上来看，社群的形式多种多样，按照地域、内容、成员属性等不同的维度，可以将社群分为不同的类型，如表1-1所示。

表1-1 社群的类型

分类维度	划分类型	特点
按地域划分	全地域社群	具有地域特征，成员结构较为扁平，成员的社会关系较为复杂，社群运营以地域性服务活动为主，社群文化与地方文化相契合
	本地社群	
	周边社群	
	海外社群	
按内容划分	产品型社群	社群围绕自身产品/兴趣/知识等为社群成员提供服务，社群的内容类型将会对社群文化与价值观的形成产生直接影响
	兴趣类社群	
	知识型社群	
	品牌型社群	
	行业垂直社群	
	其他社群	
按成员属性划分	企业级社群	更具人群特征，服务类型与商业化方式也更具差异性，其社群文化的形成在很大程度上受到社群成员之间情感连接的影响
	联盟社群	
	粉丝社群	
	男性/女性社群	

按内容划分最能体现社群的性质。下面介绍几种比较典型的按内容划分的社群。

1．产品型社群

产品型社群的概念源于互联网思维，互联网时代最重要的是产品。与工业时代相比，此时的产品不仅承载了功能属性，还承载了趣味与情感属性。优秀的产品能直接带来可观的用户和粉丝群体，人因产品而聚合，形成社群。目前产品型社群已经有了一些成功的实践，如"黄太吉煎饼""雕爷牛腩"……其中，最为成功的还是要数小米。

小米的社群形态是"产品+社群+粉丝"，产品是支撑整个社群存在的基础；入驻的商户是第一批忠实粉丝，也是整个社群运转的核心参与者；而其他更多的普通粉丝，是社群生态实现交易的关键。

从手机到电视、平板、盒子、路由器、充电宝等，小米整个产品线覆盖面比较广，而且还在不断扩展、延伸。只要有粉丝"需求"，小米的产品线上就会有匹配的产品出现。产品的价值主要在于功用，而能够满足用户的特定需求，具有相同或类似功用的产品有很多。小米为了把自己与市场同类产品区别开来，以高性价比为噱头，甚至让"利"给粉丝。到目前为止，小米依然靠着高性价比维持整个社群。

因此，以产品为主的产品型社群要取得成功，必须要具备持续的产品迭代更新和创新驱动能力，不断刺激粉丝的需求，保持必需的新鲜感。

2．兴趣类社群

兴趣类社群，顾名思义就是基于共同的兴趣创建的社群。互联网突破了时间、空间的限制，具有无限延展性，实现了人的自由聚合。人们通过网络很容易找到志同道合、志趣相投的伙伴，从而能很便捷地建立各种基于兴趣的社群。因为需求的个性化和兴趣的多元化，兴趣型社群种类繁多，并各具差异化优势。如美食分享类社群"大众点评"、时尚消费类社群"美丽说"等，如图1-17所示。

在追求自由化、多元化、个性化的社群时代，哪怕是非常微小的兴趣、非常精细的需求、非常细腻的情感，个体成员都能找到同类的人组成社群。

个人的兴趣因为有了社群的互动而得到共鸣和放大。兴趣类社群蕴含着巨大的商业价值，具有非常诱人的商业发展空间。

3．知识型社群

知识型社群，狭义上是指企业组织内的员工主动自发组成的知识分享和学习的团体，其凝聚的力量是人与人之间学习的兴趣和交流的需求，而不是正式的工作职责或任务。知识型社群能促进企业组织内部隐性知识的传递和知识的创新，激发员工的知识经验分享和学习能力提升，形成企业组织最宝贵的人力资产。

广义的知识型社群，不限于企业组织内部，泛指个体出于学习兴趣，为了获取和分享知识而聚合形成的互联网社群。从本质上说，知识型社群是兴趣类社群的一种。

图1-17　兴趣类社群

2010年年底上线的知乎便是典型的知识型社群，知乎通过网友问答和知识分享，为社群用户源源不断地提供高质量的知识信息，如图1-18所示。

图1-18　知识型社群——知乎

4. 品牌型社群

品牌型社群实质上是产品型社群的一种延伸。当产品型社群发展到后期时，粉丝群体对产品所属的品牌产生了信任和情感联系，他们热衷于购买品牌旗下的产品，并对品牌文化有强烈的认同感，于是就形成了品牌型社群。

品牌型社群以粉丝对品牌的情感体验为纽带，粉丝因认同品牌的价值观而聚合在一起，并通过交流、互动产生强烈的心理共鸣。品牌型社群的本质是一种以粉丝为中心的关系网，其存在的意义在于为粉丝提供与品牌相关的独特消费体验。

品牌型社群在创建之初，以线下社群活动为主。例如"哈雷车友会"，就是一群热爱哈雷的粉丝出于对哈雷品牌精神的崇尚而聚集在一起形成的社群，社群通过"哈雷车友大会""哈雷大奖赛""哈雷故事会"等一系列活动，将全球超过150万的车主联系起来，分享他们的激情。哈雷的线上社群主要是"爱卡汽车"论坛下的"哈雷论坛-哈雷帮"，如图1-19所示。

图1-19　哈雷论坛-哈雷帮

1.9 未来趋势：品牌化、多元化、场景化、创新化 与营销性

在未来的发展中，社群将会呈现出以下趋势。

1. 品牌化

社群在未来的发展中，无论是在内部还是外部都将更加系统化、品牌化。从内部来说，社群需要立足于社群成员的需求，不断加强社群文化建设，强化社群内部联系，在管理与运营上向更加专业化、体系化的方向发展。

同时，社群品牌形象的建立是社群外部发展的重要组成部分。社群品牌化是推动社群商业化的重要环节，与用户产生品牌共鸣，进而促使社群内部用户及外部用户对社群品牌形成忠诚感，是社群拓展商业模式的核心与关键。

2. 多元化

随着社群的迅速发展，其自身形态更加多元化。社群在内容、工具、数据挖掘、支付与金融等多个方面具有较大的发展空间。同时，由于环节的增多，社群将会产生更多的新兴模式，项目孵化、众包、众筹、信息对接与深度合作等都将成为新的发展点。

3. 场景化

从社群服务平台的角度上来说，服务平台不仅可为社群提供满足其需求的单环节服务，未来还将为其提供多个平台的整合运营和定制服务。

在社群未来的发展过程中，服务平台将依据不同的社群特点，为其量身定制更加具有针对性、个性化的服务方案。服务平台将会对社群进行整体包装运营，提供从社群入口到交流平台再到营销变现各个环节的整套运营策划方案。

同时，服务平台将会结合自身其他业务特色，推出更多具有拓展性的服务，提供更加贴近生活场景与产品使用场景的营销方案与商业变现模式，从多个方面支持社群经济的进一步探索发展。

4. 创新化

社群将会不断扩展、创新，在展示平台、运营工具及基础服务技术等方面，社群都将获得更大的发展和提升。

（1）展现平台更加灵活

社群展现平台将会从以App为主向微站、应用号继续发展，使社群具有更灵活的形态。用户无需再下载App，输入网址或订阅即可对社群实现访问，将会大大降低用户的获取成本。

（2）运营工具更加垂直、互动

不同行业的热门功能将会与社群服务平台实现合作与对接。除了当前热门的

直播、打赏等互动形式，问答、共享、理财等更加垂直且更具互动性的运营形式也将出现，收费形式将会更加多元化。各种运营形式不仅能提供基于社群内的功能服务，其外延也将不断扩大。

（3）技术使社群更个性、更高效

云服务技术不断发展，由存储、计算向管理、分析、定制化等方向发展，这将会为云平台在社群各业务中的功能扩展提供助力支持，让社群运营更高效。例如，云服务帮助社群建立运营体系，为社群管理提供有力支撑；大数据分析为精准营销和场景营销提供助力；"云技术+人工智能"的发展将促使更多定制化硬件的出现。

5. 营销性

通过社群来提升品牌形象和品牌温度，是品牌积累忠诚用户的有效方式之一。在未来的发展中，社群将成为品牌商和广告商开展产品/服务推广与营销的重要手段，"品牌＋产品＋社群"的模式将会得到越来越多人的认可和重视。此外，与相关社群进行合作也成为品牌商进行推广、营销的另一种模式。

为了助力自身发展，扩大品牌影响力，提高自身利润，海尔、耐克、探路者、宝马等品牌都已经根据自身产品特色和品牌定位创建了自身的品牌社群，并精心运营。

1.10 案例解析：解读社群运营商业模式

凭借着低成本、高黏性、高回报的优势，社群已发展成为用户发展、用户运营、内容传播、商品营销的重要载体。不少公司或企业纷纷尝试搭建社群平台开展营销，但浅尝辄止者众，成功者凤毛麟角。下面将从几个曝光率很高、追捧者众多的社群入手，深入解读社群运营的商业模式。

1.10.1 罗辑思维：让用户成为商业节点

"罗辑思维"是目前极具影响力的互联网知识社群，它以"80后""90后"以及有着"爱智求真"强烈需求的群体为主要服务对象，为其提供包括微信公众号、知识类脱口秀及音频、会员体系、微商城、百度贴吧、微信群等多种互动形式。图1-20所示为"罗辑思维"微信公众号推送的消息。

"罗辑思维"倡导独立、理性地思考，并将"死磕自己，愉悦大家"作为自己的口号，形成了"有种，有趣，有料"的核心价值。基于对这一价值观的强烈认同，越来越多的"爱智求真"者开始加入该社群。

1. 结构体系

"罗辑思维"主要通过会员招募来扩充社群会员数量。会员有高级会员和一般会员之分，加入社群需要支付不同金额的会费，不同等级的会员可享受不同等级的待遇。图1-21所示为"罗辑思维"会员体系。

图1-20 "罗辑思维"微信公众号推送的消息

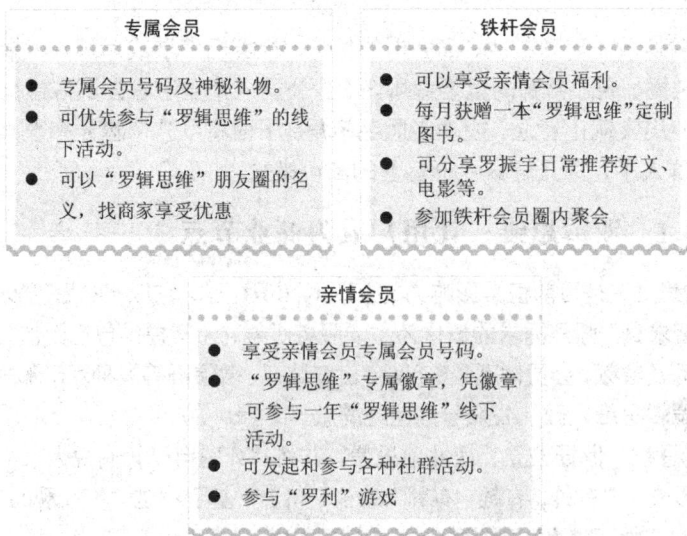

专属会员

- 专属会员号码及神秘礼物。
- 可优先参与"罗辑思维"的线下活动。
- 可以"罗辑思维"朋友圈的名义，找商家享受优惠

铁杆会员

- 可以享受亲情会员福利。
- 每月获赠一本"罗辑思维"定制图书。
- 可分享罗振宇日常推荐好文、电影等。
- 参加铁杆会员圈内聚会

亲情会员

- 享受亲情会员专属会员号码。
- "罗辑思维"专属徽章，凭徽章可参与一年"罗辑思维"线下活动。
- 可发起和参与各种社群活动。
- 参与"罗利"游戏

图1-21 "罗辑思维"会员体系

"罗辑思维"具有梯度的会员模式为社群运营提供了收入来源，也为社群后续的商业化运营奠定了良好的基础。差异化的内容、人脉福利，既推动了亲情会员向铁杆会员的转变，又有利于社群运营者合理分配精力和资源。

2. 活动组织

罗振宇坚持每天分享一条语音、定期分享视频，群成员则会拓展阅读，分享罗振宇推荐的好文章、好活动，有的"罗友"还会组织读书会等活动。

借助视频的大范围传播，"罗辑思维"在微信上吸引了众多具有相同价值观的人聚集，并参加各种活动。为了进一步扩大社群的影响力，"罗辑思维"在两个方面做了尝试，一是加强内部会员关系，如举办"霸王餐"活动；二是向外部扩散，如举办罗振宇售书活动、众筹卖月饼活动、柳桃的推广活动等。其社群活动的具体内容如图1-22所示。

"霸王餐"活动	从读书到卖书	柳桃活动
让会员说服全国各地餐馆经营者贡献出一顿饭，供会员们免费享用。就餐成员在社交网站上发布就餐的相关照片和点评，就餐后填写商家相关调查反馈问卷	长期推送语音、视频和文章，在选书角度、品位上已经在用户心中形成了信用积淀，得到了用户的信任。社群成员负责优势板块内容的编辑、校对、出版等，形成整合价值产业链	由"罗辑思维"社群的成员负责柳桃售卖策划、体验、包装等各个环节，并发起预售活动，推出"结果""果实""赤果果"等不同版本的产品，在"罗辑思维"商城进行售卖

图1-22 "罗辑思维"的社群活动

社群成员可以借这些活动对外销售商品，从中获得回报。更重要的是，通过这些活动可以让那些有能力、有才华的人在"罗辑思维"300万用户面前展示自己，靠自己的才能获得其他用户的支持，进而形成一个新的传播节点。

"罗辑思维"有内容上的互动，也有精神上的价值输出，最后形成了用户的付费模式，为很多内容平台提供了转型方向，但该社群过于依赖罗振宇的个人影响力，这也成为制约其进一步发展的因素。

1.10.2 小米社区：让用户有深度的参与感

小米社区的产品及服务丰富多样，用户可以通过其提供的资讯、论坛、应用、小米产品测评、社群服务及展示平台等多个功能频道参与其中，也可以通过微博、微信平台进行线上互动。其社群发展模式如图1-23所示。小米利用社区运营与社会化营销打造小米模式的社群经济，以此不断拓展自身的产品线，成为品牌社群的典型案例。

小米从粉丝经济过渡到社群经济的过程并不是非常顺利，但作为最早打造出社群的典型案例，小米仍给后来者提供了诸多启示。

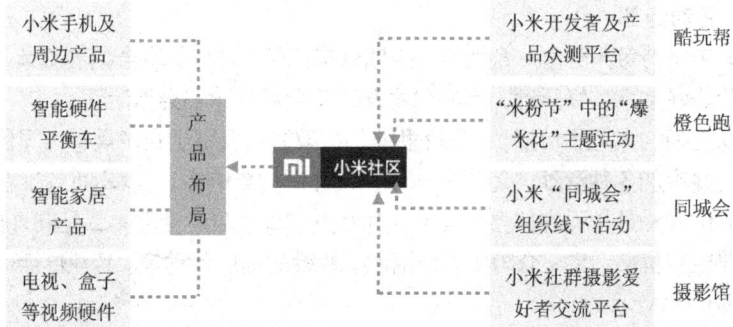

图1-23 小米社群发展模式

在创立之初，小米就定位于"走群众路线"，为用户营造参与感，打造了"100个梦想的赞助商"，并借助社会化媒体的广泛宣传，实现了早期"种子"用户暴增。

刚开始做小米的手机操作系统MIUI时，小米借助论坛做口碑，在各个论坛上选择了100个超级用户，让他们参与MIUI的设计、研发、反馈，也就是小米所谓的"100个梦想的赞助商"。雷军每天会抽出一小时对微博上的评论进行回复，每个工程师每天要回复150个帖子。而且在每一个帖子的后面，都会有一个状态，显示这个建议被采纳的程度以及解决问题的工程师ID，这就让用户产生了被重视的感觉。

中期，小米还积极地与"米粉"交朋友。在用户投诉或不满的时候，客服有权根据自己的判断，自行向用户赠送小米手机贴膜或其他小配件。小米还会赋予用户成立"荣誉开发组"的权利，让他们试用未发布的开发版产品，甚至参与绝密产品的开发。这些都为用户带来了极大的荣誉感和认同感，促使他们投入更大的激情参与产品的升级。

与其他论坛纯线上的交流不同，小米有一个强大的线下活动平台"同城会"。"同城会"每两周举办一次；小米官方根据后台分析的不同城市的用户数量来决定"同城会"举办的顺序，并在论坛上发布宣传帖让用户报名参加；每次"同城会"会邀请30~50个用户到现场与工程师进行当面交流，极大地增强了用户的黏性与参与感。

除了营造参与感，"米粉节"也是小米回馈众多"米粉"的节日。小米会在此阶段发布全新产品，并开展往期产品大促销活动，利用极其诱人的促销折扣吸引粉丝疯抢产品，创造了一个又一个销售奇迹。图1-24所示为2017年小米商城在"米粉节"的宣传文案。

这种模式的小米社群并不能算完全意义上的社群，但仅就其早期用户参与互动的深度，以及线下活动运营的方式来说，它也称得上社群创立的教科书。

图1-24 "米粉节"宣传文案

1.10.3 正和岛：用关系为用户降低成本

"正和岛"自2011年创立以来，始终坚持"中国商界知名高端人脉深度社交平台"的定位，努力践行"人脉帮扶与价值分享"理念，为企业家成长提供助力。经过多年的发展，它已成为企业家人群专属的，集Facebook、微信与微博于一体，线上线下相结合的，为会员岛邻（"正和岛"会员称为"岛邻"）提供信任缔结、个人成长及商业机会的创新型服务平台。图1-25所示为正和岛的官方网站。

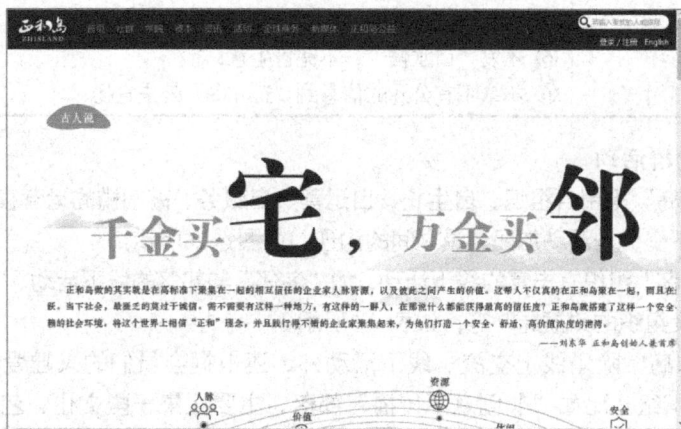

图1-25 "正和岛"官方网站

1. 会员管理机制

"正和岛"在发展会员时，把诚信列为第一考量要素，会员要遵守会员公约。这样正和岛就把会员之间合作的风险降到最低，形成了一个信任的圈子。"正和岛"的会员管理机制如表1-2所示。

表 1-2　正和岛会员管理机制

会员管理机制	具 体 内 容
会员资格	① 拥有健康、阳光、负责任的价值观，追求成长、热爱学习、乐于分享。 ② 是所在企业的创始人、董事长、CEO、总裁等首要决策者。 ③ 所在企业系独立法人企业，成立三年以上，且上一年销售收入须在一亿元人民币以上；投资类企业的管理资金规模须在十亿元人民币以上；或企业在新兴产业中具有未来成长性。 ④ 所在企业从事对社会有益的产业或事业，加入"正和岛"前三年内无重大违法、违规记录。 ⑤ 认可并践行《正和岛会员章程》及会员的制度、规则
会员公约	五条戒律： ① 无诚信的交往； ② 无底线的商业； ③ 无尊严的人格； ④ 无原则的行善； ⑤ 无良知的享乐
	六条行为规范： ① 理性地判断，建设性地表达； ② 说话算话，恪守承诺； ③ 包容个性，尊重差异； ④ 不随便麻烦别人，不死缠烂打； ⑤ 不发"口水帖"，不兜售生意； ⑥ 不拿不宜公开的信息到"正和岛"外去宣扬

2. 社群活动

"正和岛"采用自组织、自生长、自运营、自服务、高门槛的运营模式，通过线上、线下交流与活动加强会员之间的沟通，如图1-26所示。

"正和岛"组织有丰富的线下活动，如"岛邻"与部落的线下活动、"商学院"、岛邻们自发组织的"攒局"等，如表1-3所示。

"正和岛"除了线上交流、线下活动外，还根据会员们的兴趣爱好发展了多个兴趣小组，比如"非创意不传播"部落，主要汇集一些文化、艺术、设计领域的企业家；比如"摄影部落"，主要是摄影爱好者；而"正和岛·优兰汇"部落成员主要是一些成功的女企业家；喜欢马的企业家则组成了"爱马仕"部落等。

正是通过线上交流、线下活动以及组织兴趣爱好小组的方式，"正和岛"有效地将原本散落在天南地北的会员越来越紧密地联结在一起。

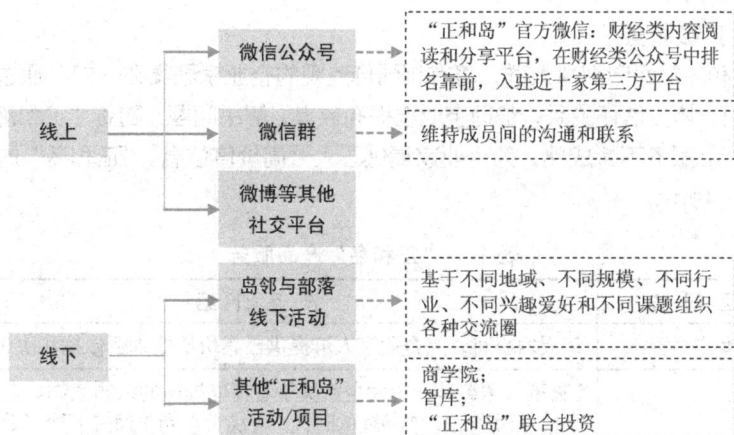

图1-26 "正和岛"社群发展模式

表1-3 "正和岛"线下活动

线 下 活 动		活 动 简 介
"岛邻"们的"年度盛会"	"岛邻"大会	面向"正和岛"全体"岛邻"的年度主题聚会，大家共享思想盛宴一起狂欢。"岛邻"大会将汇集领袖型企业家、成长型企业家以及专家学者、跨界领袖的智慧与能量，共建企业家寻找已久的精神家园。在这个家园里，每位"岛邻"都是主角
	新年家宴	每逢12月月末，"正和岛"都会设下一席家宴款待"岛邻"及"贵人"们。企业家们可以在某座"岛"上与天南海北的"岛邻"朋友一同盘点本年度商业事件，展望来年趋势，梳理岛内家务，自编自演节目助兴家宴，欢度新年。这种"岛家"的方式，让每位"正和岛"的"岛邻"及"贵人"都能在新旧交替的时刻获得别样的感受
	正和岛夜话	"正和岛"与夏季达沃斯、博鳌亚洲论坛等众多知名高端商界平台进行深度合作，以论坛的形式植入这些平台，分享商业智慧，探讨商业精神，拓展商业人脉
"岛邻"们的"商学院"	"岛邻"互访	让学员带着问题，走进中国各产业领域内最具代表性、最具影响力的标杆企业，深入企业现场参观、学习，与企业高管现场交流。学员之间着眼于问题的解决，深度互动、研讨，并由专家学者进行引导、点评和总结
	海外游学	"商学院"与代表全球最高水平的国际学术研究机构合作，开发海外游学课程，组织学员到国际一流商学院访学，深入到全球500强企业内部进行现场学习，并进行深度的切磋与交流。企业家们可以借此拓展全球视野，分享国际前沿理念，学习先进的管理理论和方法
"岛邻"们的"攒局"		"正和岛""岛邻"自组织活动是"岛邻"们基于"正和岛"建立起信任关系，在共同的兴趣、爱好的基础上自发、自然形成的社交团体活动。在一次次的自发"攒局"中，"岛邻"们回归自我、回归内心，倾诉自己不为人知的困惑与迷茫、曾经放弃的与坚守的，畅谈未来的打算；互相出主意，提建议，彼此给予温暖与力量

3. 产品服务

"正和岛"面向高端人群，将有相同价值观的企业家聚集在一起，通过彼此间交流学习，培养信任关系，帮助企业家提高效率，解决问题。随着"正和岛"的发展，其产品服务不断成熟，为企业家提供了大量高价值信息。"正和岛"的产品服务如表1-4所示。

表1-4 "正和岛"产品服务

产品服务	产品介绍
网站/客户端资讯	每天24小时，为企业家人群提供最具价值的判断依据和决策参考
《决策参考》	《决策参考》是一份为企业决策者精准推送的纸质读物。在如今这个信息过剩、价值稀缺的时代，《决策参考》通过汇聚"看得见未来"的顶级智慧，萃取"看不见的商业真金"，为企业决策者提供决策参考，分享"越重要的人越需要"的价值。里面的所有文章均由最具判断力的重量级人物推荐、点评、批注。内容板块包括心事、趋势、商道、岛上风光、杂瓣。每月一期，当月月底出版
《每日推荐》	手机报，周一至周五每天18:00发送，发送范围覆盖近万名高端企业家、经济学家、意见领袖
企业家看天下	"正和岛"是面向公众，尤其是商业决策人群的"微门户"。在这个新浪微博上的"企业家大本营"中，"正和岛"始终坚持"以正和，以奇胜"，努力打造"正和体"的个性表达特色——既言之有物，又不说假话、不过分偏激，换句话说，就是引导用户理性地判断、建设性地表达
官方微信	企业家的移动智囊，传递从手上到心上的价值。聚焦企业家的想法、干法、活法与玩法，每天奉上独家、新鲜材料
正和岛联合投资基金	该基金提供的不仅仅是钱，更多的是系统的帮助，有很多在岛外得不到的上下游资源，如最宝贵的客户。而"正和岛"正在推出的"狂客部落""狂客百强"的评选，都是这支基金的项目源

4. "正和岛"的价值

互联网的飞速发展在给人们带来便利的同时，也产生了烦扰——带来大量的信息。如何在这么多的信息中尽快筛选出最有价值的信息，成为视时间如生命的企业家们关注的重要议题。所以，"正和岛"的价值就在于帮助企业家节省时间，提高效率，剔除低劣信息，解决价值优先的问题。

具体来看，"正和岛"能为用户提供以下价值：降低学习的时间成本，即用户可以在"正和岛"封闭的社交网络上以最少的时间看到经过编辑和筛选的有用信息；降低社交和合作的信用成本，"正和岛"上的人要合作的话，受骗的可能性很小，即使受骗，追回损失的机会也会很大。而这全都依赖于"正和岛"对企业家的理解和严格的社群管理规范。

能加入"正和岛"的人，都是身价过亿，且符合"正和岛"价值观的企业家。这是一个高净值群体。"正和岛"把大家需要的、彼此能形成价值的人挑出来，帮助彼此建立起一种学习、沟通、交流的关系。

1.10.4 大V店：让用户赚钱

"大V店"是北京果敢时代科技有限公司（简称MAMA）旗下的一款主打产品，定位为妈妈社群电商。"大V店"以亲子阅读为精准切入点，其社群的管理运营体系化，以帮妈妈们创业赚钱开店并获取佣金的模式，成长为一个自我循环的社群生态平台。妈妈们可以轻松开店，从而为妈妈们解决赚钱和购物的需求；而"妈妈课堂"则解决了妈妈们学习的需求；"V友会"则解决了妈妈们社交的需求。图1-27所示为"大V店"官方网站。

图1-27 "大V店"官方网站

1. 社群活动

"大V店"这个名字的含义就是希望妈妈们来到平台后，通过学习成长为一名"大V"，能够给身边人带来知识和帮助。为此，平台为用户提供了"妈妈课堂""线下故事会""大咖课""妈妈商学院"等一系列服务妈妈们精神层面的业务内容。图1-28所示为"大V店"App中的"妈妈商学院"。

例如，"妈妈课堂"线上每天都会邀请亲子阅读领域的知名老师来讲课，分享各种亲子内容给妈妈们。线下也有很多"V友"活动，如组织"线下故事会"，围绕某一本书、某一个主题来讲故事，也会着重对一些表达能力、领导能力较强的妈妈进行重点培养。

妈妈们不但可以通过这些活动获取知识、提升自我、满足社交需求，还可以将这些内容传播出去，营造个人品牌形象，进而提升店铺的流量，并最终转化成购买率。

图1-28　妈妈商学院

在社群管理方面，除了逐步用工具和App来实现规范化以外，"大V店"还以地域为划分标准，在全国各地相继建立了156个"V友会"。"大V店"通过内容、活动发掘"V友会"中的意见领袖，并将她们培养成"班委"，负责"V友会"的日常管理工作。2016年，"大V店"开启了"妈妈加油站"，选出有影响力的妈妈作为站长组织线下活动。这些"大V"妈妈在满足个人社交需求，实现自我价值的同时，也分担了一部分运营工作。此外，"大V店"还签约了近900个落地机构，为妈妈们提供线下的活动场所。

2. 营销模式

传统网店的经营比较耗费时间和精力，全职妈妈可能无暇兼顾。而在"大V店"，妈妈们只需要做宣传推广，为自己的店铺引导流量即可。妈妈们在"大V店"平台上开店，可以从平台全部的品类中选择适合她的商品放入店铺中；店铺一旦卖出东西，后台就能及时获取信息，帮助完成打包、配送、售后等一系列后续服务。平台会统一谈采销、做仓储、做配送，为妈妈们减轻工作量，又免去后顾之忧。妈妈们每成一单生意平均可以获得10%的佣金，遇到特定活动还会获得额外奖金和购物红包。

在商品品质方面，"大V店"全部具有正品保证，同时在商品上架前会做严格的评估并验货，确认商品品质没有问题后，还会邀请一些妈妈试用，口碑好的才会选择上架。

在仓储物流方面，为了减轻妈妈们的负担，仓储由"大V店"自己来建设，物流以与第三方优质快递公司合作为主。

在盈利模式上，"大V店"平台基本不赚取商品买卖的利润，而是把利润空间更多地留给卖家妈妈们。"大V店"主要靠会员费来构建盈利模式。会员费最初是99元，后涨至199元。收取会员费其实是一个用户筛选的过程。虽然会员费只有99元或者199元，但用户在涉及付费的时候，就会主动去了解相关的信息，有一个思考和决策的过程。这样下来，付费的用户一般都是了解"大V店"并且认同其理念的人，而"大V店"也可以省下一些教育和宣传的成本，转而将其用于加强平台建设，为用户提供更好的服务。

"大V店"社群用自运营系统解决了用户激增带来的运营压力，通过强互动增进了情感维系，用高频、高质的内容传播促进了销售的提升，是一个经典的社群运营的案例。

【课后习题】

1. 你认为以下哪些组织是社群？试说明原因。
- 大一新生群。
- 读书分享会。
- 奔驰车的车主。
- 李毅吧。
2. 以下情形中哪一种是社区，哪一种是社群？
- 在北京朝阳区一起租房的几个人。
- 德语口语微信交流群。
- 周末坐地铁去参加小米社区线下活动的"米粉"。

2

第2章
从0到1，构建社群的标准与原则

【学习目标】

➤ 了解社群创建者需具备的素质。

➤ 了解创建社群的目标都有什么。

➤ 掌握定位社群核心价值的方法。

➤ 掌握常见的社群运营平台以及各平台的特点。

➤ 掌握吸引精准粉丝的方法。

➤ 掌握设置社群名称的方法。

社群不是一群人聚在一起无意义地聊天与争吵。互联网的终极不是人联网，而是心联网；社群的终极不是凑圈子，而是融合共生。那么，如何建立一个社群呢？本章将深入探讨社群构建的问题。

2.1 社群创建者必备的三个素质

移动互联网给社会经济带来了巨大的商机，人们迎来了社交红利时代。在这个时代，社群的作用凸显，谁懂得社群、懂得传播，谁就能抓住商业的先机。但是，并非所有的人都适合做社群。要想做好社群，玩转社群，社群创建者需要具备以下三个素质。

1. 拥有强大的内功

现在各种线上讲座、培训课程越来越多，当发现某个课程对自己的工作有所帮助时，很多人往往就会报名参加这些线上讲座，并准时听课。人们为什么会愿意听这些讲座呢？

这其实很好理解。假设开设线上讲座的主讲人不是一个名人（或在行业中有一定的号召力的人），人们还愿意花费时间和精力去听他讲课吗？虽然，只有当一个人具备某种能力，并在一定的圈子里形成影响力时，这个人才会有感召力，才能吸引别人主动来向他学习。换句话说，组建社群之前，自己首先要在某方面成为专家，这样才能聚集粉丝，成为众星所捧之月。

当然，只是成为专家还不够，还要能持续地为粉丝输出有价值的内容，这样才能吸引粉丝的持续关注。当关注成为习惯，形成定式，粉丝就会成为忠诚的粉丝。

2. 具备运营能力

有的人认为聚集了粉丝就可以马上实现社群变现了，其实不然，在初期积累粉丝的过程中，我们要做好粉丝管理。

并不是说粉丝越多越好，而是越精越好，拥有10个精准、忠诚的粉丝胜过拥有100个普通粉丝。粉丝积极参与能让社群变得更加活跃，每个社群成员都能在社群中找到存在感和自我价值，社群才会长久延续下去。

社群价值的实现取决于运营，不能只是将人聚集到一块儿就完了，要明确聚集一群人的目的是什么，如做培训、研究互联网金融等，并在此基础上不断加强社群的凝聚力。因此，只有把握商业本质，积极运营社群，才能实现社群最大的商业价值。

3. 懂得将粉丝资源转化为盈利

集粉的最终目的是为了获得盈利，但是在将粉丝资源转化为经济利益的过程中一定要注意把握分寸，不能靠牺牲自身的信誉来换取利益，这是不道德的。社群创建者要懂得分享，要舍得与粉丝分享好的东西、有价值的内容。此外，还要学会换位思考。粉丝是用来维护的，赚取商业利益的同时，一定要站在粉丝的角度，考虑他们的感受。

2.2 明确目的，是构建社群的第一要务

目的是发出指令、实现控制的依据。没有明确目的的社群，任何运营手段都缺乏支撑，必定是无效的，社群对群成员也就失去了实际的控制力。很多人在做社群，但成功者廖廖，就是因为他们从一开始就没有明确自己创建社群的目的。

一般来说，创建社群的目的主要有以下几种。

1. 聚集共同爱好者

基于如读书、学习、健身、烹饪、艺术等爱好或兴趣而聚在一起形成的社群，目的主要是为了吸引一批人共同维持兴趣，构建一个共同爱好者的小圈子，让群成员有找到同类的感觉。尤其是一些需要同伴效应的活动，没有这个同伴圈的互相激励、互相打气，很多人就难以坚持，如每天坚持读书、每天坚持锻炼等。

2. 销售产品

有的社群在创建之初就明确了以更好地售卖自己的产品为目标。这里所说的产品是一个广义的范畴，物品、服务、会员、技术、智力成果等都包含在内。例如，创建一个群，交流DIY的经验，分享后可以向群友推销自己的DIY饰品；再如，在线教育培训社群会组织学员答疑解惑、分享"干货"，本质上也是销售产品和提供服务。这种以经济盈利为目的的社群拥有良好的生存空间，因为只要做好产品，在群成员中赢得口碑，自然会赢得他们的复购，还可以通过老成员发展成新群员。

3. 打造品牌

基于打造品牌的目的组建的社群，旨在与用户建立更加紧密的关系。这种关系并不是简单的交易关系，而是交易之外的情感连接。社群的规模大了，其传播性就会增强，对品牌的宣传就能起到积极作用。

但要注意的是，由于产品所属品类，不同且品牌积淀不同，并非所有的品牌都容易和其用户产生产品交易之外的情感连接。例如，人们不会觉得用一张纸就会代表某种生活方式；但是对于手机，作为时尚、潮流的代表，人们对其有着极高的关注度，关于手机有很多可供讨论的话题，因此与之相关的社群就可以快速建立。

再如，对于一些本身在用户群体中尚未形成口碑的品牌来说，由于缺乏足够的品牌积淀，要想创建社群也不是一件简单的事。

4. 拓展人脉

无论是为了兴趣还是为了交友，社交的本质都是为了构建自己的人脉，人脉是每个人都会尽力去维护的关系。比如"正和岛"，其定位是中国商界知名高端人脉深度社交平台，做的就是在高标准下聚集在一起的相互信任的企业家人脉资源。以拓展人脉为目的的社群，其更应该明确自己的定位，即社群能为群成员提供什么，否则很容易找不到圆心。因为社群中每个人具体的需求有所不同，如果社群缺乏圆心，失败在所难免。

5. 树立影响力

社群的复制裂变能力能够帮助社群创建者快速形成影响力。借助网络的快速扩散功能，社群创建者的影响力能够向更大的范围扩散。社群创建者通过激励、分享"干货"、组织有意义有价值的活动鼓励群成员认同某种理念，最终借助群成员的规模和影响力获得商业回报。

明确建群的目的是社群运营首要解决的问题，只有确定了目的才能明确后续如何设置社群规则、如何运营社群、如何搭建社群商业生态。如果还没确定创建社群是为了什么，千万不要急着拉人，否则一旦社群有了一定的粉丝基础，后期再想改变社群基调，就更难了。

2.3 精准定位社群的核心价值

价值经营是社群的核心。一群拥有共同兴趣爱好、共同价值观的人聚集在一起组成社群，目的就是创造、分享价值。这些人聚集在一起能够碰撞出什么样的火花，取决于聚集在一起的是一群什么样的人，因此社群的价值定位至关重要。

2.3.1 社群价值的表现

一般来说，社群价值的表现有以下几类。

1．内容产品

社群通过输出核心内容来提升群成员的黏性。社群的重要功能之一就是为群成员提供优质的内容，包括精准的专业内容、群成员分享或生产的相关内容。输出内容的方式有多种，如微信群、QQ群、公众号、微博等，或者是通过线下活动，如邀请名师以讲座的方式与群成员进行面对面的交流。

群成员因为内容而聚集，好的内容因为分享而传播，好的社群因为传播而裂变。内容能够不断被创造再生，一次优质的分享，能够激发群成员大量的反馈，从而让内容形成二次开发，进而推动参与分享的群成员进行二次传播。

2．周边服务

伴随着移动互联网技术的发展，虚拟社群和线下的真实社群相互融合，社群变得随处可见。社群以群体为基础，为群成员提供多项服务，满足群成员的各项需求。需求涉及生活的方方面面，如交友、学习、旅游、健康等。可见，社群的爆发力和潜能是不可限量的，在以人为本的互联网时代，社群将会引领新的商业方向。

3．社交体验

互联网最基本的功能就是让人们能够实现即时通信。各类社交工具打破了空间的限制，人们可以点对点地进行图文、音频、视频的交流。社群基于人而建立，群成员在社群中获得社交体验，而社交是提升社群价值的加速器，也是维护社群成员关系的黏合剂。

通过社交人们可以表达自己，可以认识更多有共同爱好的人，可以找到一起干事业的伙伴。社交是关系存续的基础，密切有效的社交有利于构建强关系，使群成员不再各自为政，而是团结起来，形成更强的力量。

4．资源配置

社群也是一种圈子，群成员的兴趣定位是非常明确的，在他们加入社群时，就会因各种准入机制被合理分流。相同兴趣的人，总带有相似或相关的背景和资源，在此基础上，群成员能够产生更多的话题，能够获得更多资源配置的机会。

每个社群成员都是一个小的资源池，当大家汇聚到一起，就成了一片湖。社群提供的是一种高精度、高价值的人脉圈子，物以类聚、人以群分，社群为资源做好了筛选工作。

2.3.2　如何寻找社群价值

对于一个社群来说，其群成员必定有一个共同的需求，而社群必须要为解决群成员的这一需求服务。社群价值构架的基础是社群构建者的能力与才能，而非热情与愿景。

寻找社群的价值，需要注意以下几个方面。

1. 价值要抓住成员痛点

没有价值的事物就没有存在的必要，社群亦如此。通常来说，社群存在的价值就是能解决社群成员的痛点。成员加入某个社群是为了满足自己某方面的需求，社群成员需求的主要关键词如图2-1所示。

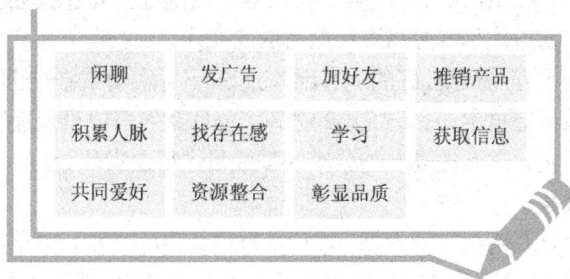

图2-1　社群成员需求关键词

不同的目标群体会有不同的需求，只有了解并抓住自己社群目标群体的实际需求，创造与之相符的价值，社群才能更好地吸引人加入。

如果社群不存在一些独特优势，外部用户对社群没有兴趣，那么即使运营人员做出了一定的引导，也很难将其吸引进群。如果社群成员的需求没有得到切实的解决，纵使成员加入了群，也不会给社群带来活跃度，甚至群成员会不断流失。

2. 价值要具体

社群的价值定位不能空泛，要具体。例如，"我们聚集在一起是想要获得成长""我们聚集在一起是想要提升自身能力"则不够具体，"获得成长""提升自身能力"并不是具体的价值，它们太空泛了，无法让人看到价值。

同样是为了共同成长，提升自身能力，以"大熊会"为例，它致力于研究和引领微营销及品牌营销的发展潮流，帮助更多的人通过微信、微博等工具打造自己的品牌和产品，实现最低成本创业。该社群入群需要支付会费，且级别越高，会费越高。

在移动互联网营销大潮席卷下，"大熊会"深入挖掘包括微信朋友圈、微博、QQ空间等在内的多个互联网产品的商业价值，将营销模式和技巧系统化、学术化，并通过培训和探讨的方式进行普及，帮助群成员运用所学知识创建自己的品牌和产品，开始个人微电商创业。简单来说，"大熊会"就是探讨微营销，它能为群成员带来的价值是非常具体的。图2-2所示为"大熊会"的Logo。

图2-2 "大熊会"Logo

3. 价值要有承载物

社群要能够为群成员带来一定的价值，这是行业的共识。同时，社群还要有能够产生经济回报的承载物。我们虽然可以利用共同的爱好将人们快速地聚集起来，形成一个群体，但是如果没有与之相匹配的回报承载物来满足社群运营者的需求，这个群体就会陷入一群人凑热闹，而组织者无法获得任何回报的境况。

获得商业回报是建立社群的一种目的，是运营社群的动力。如果没有商业回报的支撑，一旦社群运营者失去了运营的激情，缺乏运营的社群或是成为广告满天飞的场所，或是逐渐沉寂最终死掉，只剩下一个毫无价值的空壳。

例如，小米社区以小米手机及周边产品为回报承载物；"十点读书会"有自己的商城"十点好物"，出售各种有趣的新书和优选好物（见图2-3）；"罗辑思维"以会员、课程、商城为回报承载物（见图2-4）。

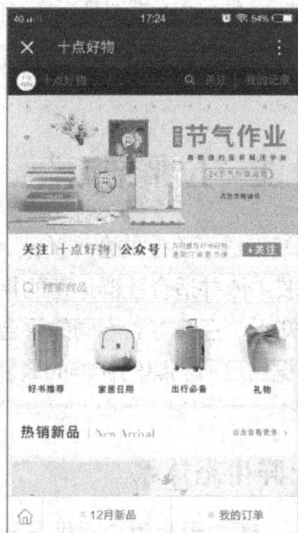

图2-3 "十点读书会"商城"十点好物"

图2-4 "罗辑思维"的商城主页

拥有共同兴趣爱好或三观的人可能会有共同的购物需求，当群成员聊起购物话题时，往往能形成购买的从众效应，让社群运营者获得盈利，这样才能体现出社群运营的价值。

社群的建设和运营需要付出极大的时间和精力成本，也许会有人真的因为兴趣爱好不求回报地付出，但这绝对不是绝大多数人的选择。所以很多人会发现，免费得到的往往是低质的产品或服务，而付费才可以得到更好的服务。社群的运营同样遵循这个原则。

因此，一个健康并能长久生存的社群就是一个以连接为基础的自运营生态系统，它既能为群成员提供某种价值，满足他们的需求，又能让运营者获得一定的回报，从而形成良好的循环生态。

4. 价值要能实现合作共赢

通过对一些社群的运营发展进行分析发现，真正能够长久存活下来的社群，无需运营者的特别维持也能保持非常高的活跃度。究其原因，是因为这些社群中的群成员之间已经形成了合作共赢的关系。

尽管社群拥有获得回报的承载物，但如果这个承载物只是推销的产品或服务，那么肯定会让人怀疑这个社群的商业化性质，最终这个群往往会沦落为纯粹的销售产品之地。只有当社群运营者和群成员之间可以产生相互的回报，社群的自运营生态才算是真正建立了起来。

例如，"秋叶PPT"的核心群聚集了一大批PPT爱好者，大家可以聚在一起交流PPT心得，而社群的核心运营者除了为群成员提供知识分享，还会给群成员提供完成PPT订单的机会，群成员之间也可以互相打赏、分享彼此的优质作品，互相帮助，扩大彼此的品牌影响力。这样社群内部就形成了合作共赢的关系，形成了良好的自运营生态体系。

2.4 社群初建，找对主战场才能"拉帮结派"

在社群的发展过程中，社群与产业链各环节逐渐形成了稳定的合作关系，为社群发展提供服务的平台也逐渐兴起。当前互联网比较主流并适合社群运营的平台主要有QQ平台、微信平台、微博平台、百度贴吧、知乎、豆瓣等。不同的平台有不同的优势和缺点，在选择社群运营平台时，应该根据自己所创建的社群的属性、目标群体、社群类型等选择合适的社群平台进行建设。

2.4.1 腾讯：QQ与微信基础上的社群生态体系

腾讯是中国最大的互联网综合服务提供商之一，致力于为用户提供多元化的服务，包括社交和通信工具QQ及微信、社交网络平台QQ空间、QQ游戏平台、门户网站腾讯网、腾讯新闻客户端以及网络视频服务腾讯视频等。基于腾讯各大社交产品的用户关系与传播链，其在社群服务布局上具有全面性以及联动性，如图2-5所示。

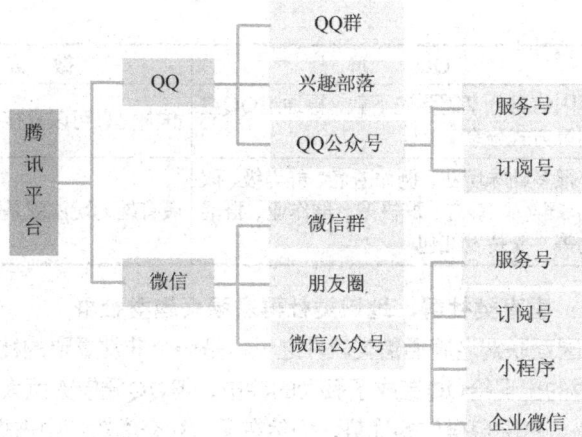

图2-5 腾讯社群生态体系架构

1. QQ 群与微信群对比

社群起源于聊天室，后来逐渐发展成包括QQ群、微信群、微博群等各类群组。而社群营销的本质就是希望通过线上工具，借助人与人之间的沟通来实现产品及品牌的推广。腾讯旗下的QQ群和微信群各具优劣势，如表2-1所示。

表2-1 QQ 群与微信群对比

对 比 项 目	QQ 群	微 信 群
群定位	较多基于陌生人的社交圈；群内成员有目的地聚集，信息更开放、更公开	较多基于熟人的社交圈；群内信息真实，但私密性更强
群人数	500人的群可创建多个；1000人的群可创建八个；超级会员可以组建四个超级群，每个群2000人。用户加群难度较低	最多500人，创建200人以上的群需要用户实名。用户加群难度较低
群结构	金字塔结构：有一个群主，群主可以设立管理员，只有通过管理员才能入群。群的管理员拥有比普通群成员更大的权限，如批准新成员加入、淘汰老成员、群发群邮件、群发群文件、修改群信息等	环形结构：有创建者，群组里的成员是平等的关系；实行邀请制度，每个成员都有邀请别人入群的权限，但只有创建者可以"踢人"，其他人不能"踢人"
群功能	功能完善，可传文件，有公告板、相册、文件共享、演示共享	传送文件的效率不高
群信息	群内信息可以回顾查看，但是容易被屏蔽，群文件、图片信息等可以长期保存	群内信息无法完全屏蔽（只能设置为免打扰），信息可以回顾，群文件、图片信息等不可长期保存
群推广	推广方便，可通过群名称、标签、账号等查找加群	推广较困难，不可通过群基本信息查找

对 比 项 目	QQ 群	微 信 群
群分享	群内信息分享需要先下载，再通过QQ空间等方式分享	群内信息可以直接分享在朋友圈
玩法	有很多趣味玩法，例如匿名、群等级、改名、群@、禁言、群投票、群作业、群活动等，支持发红包	最有趣的玩法就是打赏、红包

2. QQ群：垂直类社群、地域类社群、强兴趣类社群

QQ作为中国互联网老牌通信类软件之一，是一个非常重要的社群运营平台。虽然微信、微博的出现给QQ造成了极大的冲击，但QQ凭借着巨大的用户基数、丰富的功能以及可跨平台操作的优势，仍然在通信社交类软件中占据重要地位。

腾讯公布的2017年第三季度业绩数据显示，QQ月活跃账户数达到8.43亿，QQ智能终端月活跃账户数达到6.53亿，QQ最高同时在线账户数（季度）达到2.72亿，比2016年同期增长8.9%。

QQ既可以让用户实现点对点聊天（好友之间），又可以让用户进行点对多聊天（QQ群），同时它还具备签到、群论坛、公告、相册、群直播等一系列功能（见图2-6），比微信的场景设置更加丰富，几乎能满足所有场景的需求。此外，作为即时通信软件，QQ比微博更具效率，非常适合开展话题讨论，且成员活跃度高。

图2-6　QQ群应用中心

因此，虽然各种通信社交类软件不断出现，但QQ尤其是QQ群仍然是主要的社群运营平台，几乎所有类型的社群都可以借助QQ群的力量获得良好的运营效果。不同类型的社群对QQ群功能的运用如表2-2所示。

表 2-2　不同类型社群对 QQ 群功能的运用

社 群 类 型	QQ群功能运用
知识类社群	借助群论坛、群相册、兴趣部落等功能，可以让社群成员在即时讨论的基础上进行长期、深入的讨论
培训类社群	借助群视频功能可以轻松实现对成员视频授课，还可用"作业"功能为学员布置功课
垂直类社群	借助群投票功能设置并确定线上活动或线下活动的主题
分享类社群	借助群文件实现成员之间信息共享
地域类社群	借助群活动功能，可开展成员线下交流会
强兴趣类社群	可通过群公告向成员说明群规则，向成员发布群的专属活动通知

对于成立时间较短的新社群来说，可以通过"分享群"功能将群链接分享到QQ空间、微博等平台，让社群获得更多的关注，吸引新成员加入。而已经有一定规模的社群，可以借助签到、活动等级、快捷群名片修改、管理员权限设置等功能构建社群的金字塔结构，形成完善的社群生态。

由此可见，QQ平台可以适应各类社群的创建与运营。腾讯公司在社群时代也在不断进行QQ的升级与改造，使其社群属性更加彰显。

因此，运营社群绝不可忽视QQ平台，甚至对于不少刚开始创建社群的人来说，应该将QQ平台作为社群运营的主战场，因为其强劲功能所带来的丰富场景是其他任何平台都无法比拟的。对QQ平台的功能和场景进行深度、有效的挖掘，将会使社群的运营事半功倍。

3. 微信群：内容类社群、产品类社群、圈子类社群

与微博相比，微信平台更具私密性，发布在微信公众平台的内容只有关注的粉丝才能直接看到。同时，尽管微博已经取消140字的发文限制，但网友在微博上一般仍然选择发布140字之内的博文，而微信公众平台则可以发布篇幅较长的深度文章。因此，与微博相比，微信具有独特的传播模式与效率。

具体来说，以下几种社群比较适合选择微信平台。

（1）内容类社群

随着移动互联网的蓬勃发展，自媒体应运而生。自媒体的主要特征就是内容的挖掘、选题以及编辑都由其独立完成，且挖掘的内容更具深层次，多是主流媒体不易发现的内容。自媒体坚持"内容为王"，因此微信平台是非常好的传播渠道。

（2）产品类社群

微博侧重于分享、交流与互动，而微信侧重于解析、测评，因此微信平台更适合侧重于深度解析的产品类社群，尤其是对于产品比较丰富、更新换代速度快的品牌来说，非常适合在微信平台上分享一些深度测评、解析类的内容。

（3）圈子类社群

微博是"半熟社交"，各个好友在现实中不一定认识；而微信则不同，群里的好友通常都是相熟的，甚至是身边的好友。因此，圈子类社群比较适合在微信平台上运营，如为教师群体、妈妈群体提供课程分享的品牌等。一旦有社群粉丝在朋友圈里分享了社群中的内容，圈子里的人很快就会看到，并会阅读、关注甚至成为粉丝。

除此之外，诸如服务类、地域类、餐饮类社群也适合在微信平台运营，如"黄太吉美食""雕爷牛腩"等都是依靠微信平台来运营（见图2-7），打造出了具有自身特色的社群场景和社群文化。微信平台不仅能推销产品，更能创造一种情感要素或趣味属性，当社群成员参与到这样的场景中时，就会被内容打动，更加愿意主动分享，进而大大刺激社群的活跃度，甚至直接变现，产生直接的营销效果。

图2-7 "黄太吉美食"和"雕爷牛腩"的微信公众号

2.4.2 微博：助力社群形成自身IP形态

微博是当前国内最具人气的社交网络服务（Social Networking Services，SNS）平台之一。由于其具有公众社交化、媒体化的特点，很多明星、企业、品牌、媒体等纷纷入驻微博平台；同时，微博官方还会捕捉普通用户的动态，并将其推送至热门榜。图2-8所示为微博24小时榜单。

图2-8 微博24小时榜单

"随时随地发现新鲜事"是微博平台的口号。该平台上聚集了大量的明星、品牌以及粉丝，因此对于活动众多、受众辐射范围广的社群来说（如明星粉丝团、兴趣爱好类社群），微博是最佳选择。

微博基于自身的社交资源和用户数据，以大数据标签对社群进行垂直化的分类，从社交关系链、原生广告、数据中心及实用工具等多个方面对社群的发展与运营进行整合管理，如图2-9所示。

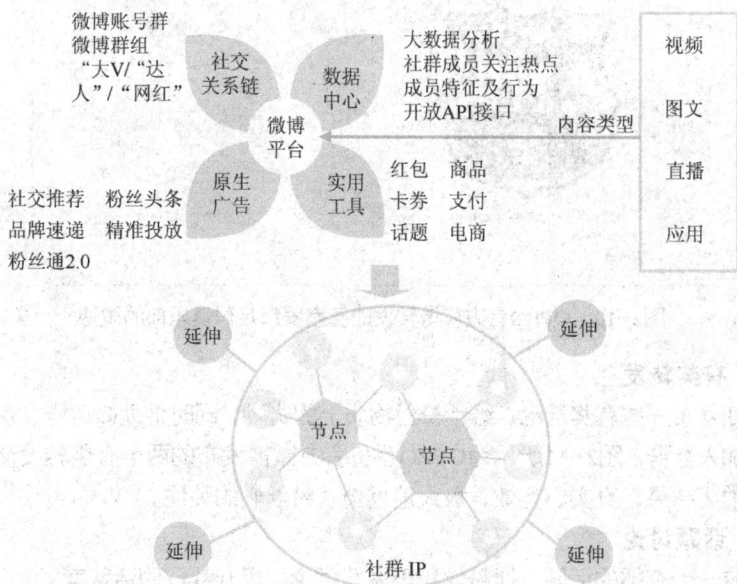

图2-9 微博社群服务系统

微博平台侧重于粉丝和兴趣爱好，且不受地域的限制。同时，微博用户还会不断发布原创内容，经过其他用户的转发分享形成裂变式传播。在特定兴趣爱好和特质的关系群体中，信息的转发与交流、价值的互通和增值，会让社群获得更大的发展。

微博平台社群的主要运营模式就是与用户进行丰富的互动。微博平台为用户提供了转发、话题讨论、分享与有奖转发等功能，充分运用这些功能能够帮助社群更好地运营。

1. 转发

发现并转发网友分享的有趣话题，尤其是品牌忠诚粉丝分享的精彩内容，可以吸引更多用户互动，从而增加微博的曝光量。图2-10所示为OPPO官方微博转发的巴塞罗那足球俱乐部的微博，作为巴塞罗那足球俱乐部的赞助商，OPPO积极与球迷互动，拉近了与球迷的距离，扩大了自身品牌的影响力。

图2-10　OPPO官方微博转发的巴塞罗那足球俱乐部的微博

2. 有奖转发

定期发布一些有奖活动，给予粉丝物质上的奖励，同时借助@功能，吸引更多的粉丝加入社群。图2-11所示为OPPO手机官方微博发布的两个有奖转发活动，并公布了抽奖结果，真实、有效，极大地吸引了粉丝们的关注。

3. 话题讨论

设定一个有趣的话题，让粉丝积极展开讨论，提升社群的活跃度。

图2-12所示为小米手机官方微博发布的话题讨论，引发了粉丝们的热情参与。

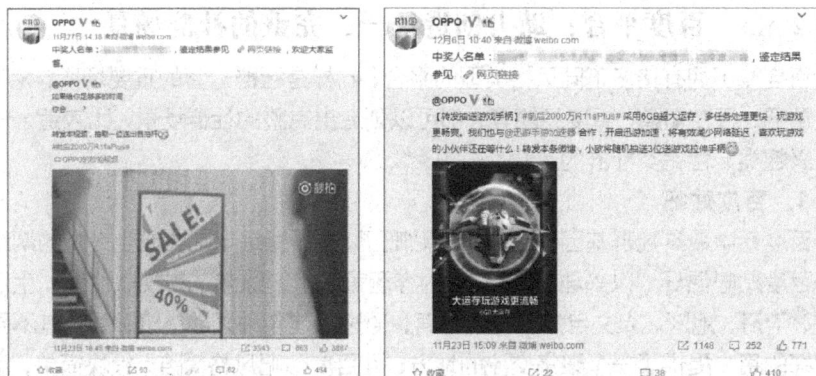

图2-11　OPPO手机官方微博发布的有奖转发活动

图2-12　小米手机官方微博发布的话题讨论

4. 分享

不断发布一些与产品或品牌相关的内容，给社群粉丝创造惊喜。图2-13所示为小米手机官方微博分享的红米手机研究生产过程，彰显了小米对手机品质的高要求与对用户体验的重视，让粉丝更加信任小米。

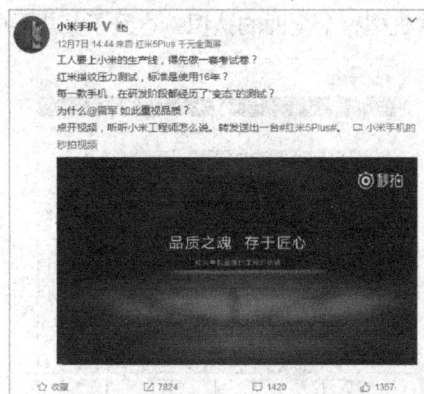

图2-13　小米手机官方微博分享的红米手机研发生产过程

2.4.3　百度平台：助力创造统一、完整的社群场景

百度旗下拥有诸多不同风格类型的平台，同样是社群运营的重要场所，尤其是百度贴吧、百度知道、百度经验等，都可以创造出完整的社群场景，比较适合问答类、兴趣类、营销类社群的运营。

1．百度贴吧

百度系中最具社群基因的要数百度贴吧了，在那里每年都会诞生大量的网络热词。百度贴吧倡导"以兴趣为中心"，内容涵盖明星、综艺、影视、体育、生活、游戏、学习、地区、人文自然等各个方面，通过组建各种兴趣小组，为拥有不同兴趣爱好的用户提供了一个聚集交流的地方；且百度贴吧风格简洁，板块简单，话题更容易吸引用户的关注，受众范围更广。

此外，每一个贴吧都较为封闭，用户群精准。例如，某种兴趣爱好、某部影视作品、某个游戏、某本小说、某首歌曲都可以成为一个独立的贴吧。这样既能保证精准的用户群，又能让话题得到深度的挖掘。

百度贴吧坚持"网友自治，百度监管"的管理理念，贴吧吧主均由贴吧里的用户投票选出，贴吧规则主要也是由吧友制定。因此，百度贴吧天生具有社群基因。产品类社群、兴趣类社群、营销类社群都适合在百度贴吧进行运营，通过活动分享、贴吧刊物等形成独特的社群文化。

吧主及整个吧务团队的建设直接影响着贴吧的发展壮大，因此依托于百度贴吧的社群必须要注重社群的活跃度和吧务管理力度，始终保持贴吧的高活跃度。

2．百度知道、百度经验

百度系的百度知道、百度经验更倾向于是一种工具，主要对社群的运营起到补充、配合的作用。借助这些工具社群可以发布社群文化、品牌汇总式的内容或回答提问，让网友在搜索相关问题时获得精准答案，以此实现营销的目的。

图2-14所示为OPPO在百度经验中发布的有关OPPO A79全面屏手机的功能介绍，让用户能够对此款机型有个全面的认识，达到了其想要的营销效果。

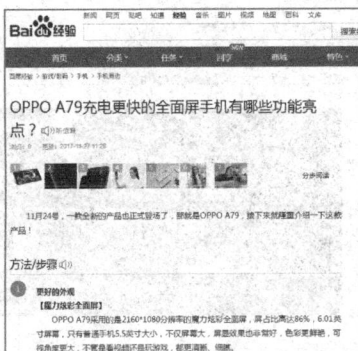

图2-14　百度经验上有关OPPO手机功能的介绍

2.4.4　直播平台：用"网红"经济带动社群发展

直播平台非常适合兴趣类社群的运营。"兴趣"是一个宽泛的定义，既可以是某种物品，如文玩、DIY等，也可以是某种爱好，如烹饪、吉他、Rap等。对于这些兴趣类社群，最佳选择就是直播平台，如"斗鱼""熊猫TV"等。

无论是文玩、DIY，还是烹饪、吉他、Rap交流，都可以借助视频直播的方式，与网友建立互动关系。如果你的兴趣技能非常专业，能够获得网友们的一致认同，就会发展出属于自己的社群，然后借助一对一指导、相关产品销售等方式让社群实现变现。

随着直播类App的火热，诞生了一个全新的名词——"网红"经济。对于个人（包括独立小圈子品牌）来说，借助视频直播App创造、发展社群是未来的一种趋势。依托社群的力量让自己成为"网红"，这对于"草根"群体而言无疑是全新的创业机遇。

2.4.5　小云社群：提供多元化社群解决方案

小云社群是北京小云世界信息技术有限公司（简称"小云世界"）旗下的一款产品，主要服务于社群运营者。借助于小云社群，社群运营者可以轻松打造面向目标用户的移动社群营销平台，充分利用社群黏性和社交的扩散性来提升营销效率。

小云社群为社群运营者提供了丰富的模板，如地方门户类App模板（见图2-15）、教育培训类App模板（见图2-16）。社群运营者可以根据自身业务需求，灵活定义、随意设计，快速生成个性化产品界面。

图2-15　地方门户类App模板　　　　图2-16　教育培训类App模板

同时，小云社群还为社群运营者提供了多样化的社群运营功能模块，包括直播、钱包、商城、广告、数据、小程序，可适用于iOS、Android、H5三端，如图2-17所示。

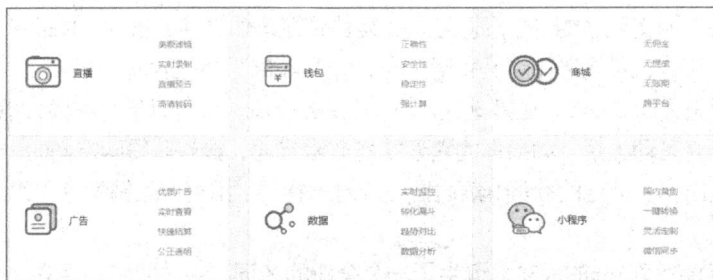

图2-17　小云社群提供的社群运营功能模块

针对不同行业需求，小云社群为社群运营者定制了多套解决方案，降低了社群的开发难度和运营成本，教育培训行业解决方案如图2-18所示。

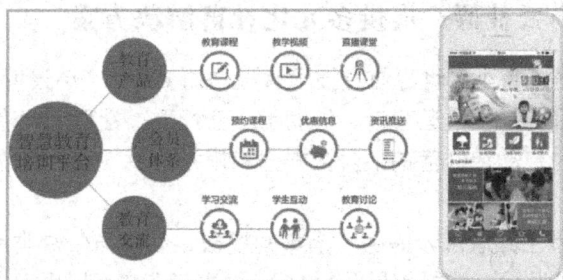

图2-18　小云社群设计的教育培训行业解决方案

此外，借助于小云社群，社群运营者可以实现多平台一键式管理与操作，全面打通各个社群，将资源一键分享到各大平台。

对于普通用户，尤其是对技术"小白"来说，有了小云社群，他们的梦想——构建App、微站、微社区等全平台移动社群，大幅降低研发成本、缩短研发周期，以及更好地运营、管理社群，便有了可能，甚至可以说触手可及。

2.5　定位目标群体，有效吸引精准成员

作为人与人的聚合体，没有真实的粉丝，社群自然无从谈起。因此，要创建社群，首先要吸引粉丝的关注，借助不同的平台汇聚粉丝，并打通与社群之间的通道，这样才能为社群的创建奠定基础。

诚然，在某些领域有一定影响力的人，已经形成了自己的品牌、人脉和人格效应，因此会比较容易聚集粉丝。例如，"正和岛"的创始人刘东华曾任《中国企业家》杂志社社长、中国企业家俱乐部理事长，"罗辑思维"创始人罗振宇是互联网

知识型社群试水者、资深媒体人和传播专家，他们都有一定的人脉、资源和粉丝基础。那么，没有人脉、资源和粉丝基础的社群，应该怎样吸引用户加入呢？下面分享一些社群聚集粉丝的方法与技巧。

2.5.1　借助视频平台吸引粉丝

移动互联网时代，在线视频大大方便了人们的娱乐休闲。爱奇艺、腾讯、优酷之类的视频网站极具人气，每天都会产生超高的浏览量，这些网站就成了吸引粉丝的必选渠道。

1. 录制视频或开直播吸引粉丝

如果我们有一定的特长，并围绕这个特长创建了社群，可以通过录制教学视频或开教学直播的形式吸引粉丝。如果视频内容颇具价值，让用户感觉有用，就很容易吸引他们加入社群。

图2-19所示为某个喜欢绘画的人发布的绘画直播教学，该视频作者在视频介绍以及视频中插入了绘画交流群群号，那么喜欢绘画的网友肯定会有极大的兴趣加入社群。

图2-19　绘画视频直播

当有粉丝加入社群后，经过一段时间的交流与经营，社群管理者可以开设培训班或出售相关素材材料等让社群实现商业化变现。

在视频中插入的内容要吸引人的眼球，让人想要一探究竟。例如，可以在视频留言区内写下："欣赏完这堂课，各位对二次元绘画是否有了一定的认识？在实际的绘画中应该如何运用技巧画好人物画像？期待您加入我们的社群组织（QQ号：××××），一起交流学习！"那些对二次元绘画感兴趣的网友看到了这样的信息，自然会产生向往，愿意加入到社群中。

2. 在视频评论区发表评论吸引粉丝

在视频评论区可以对视频内容进行回复，在与网友互动的时候留下社群的入群方式，如微博名称、微信公众号、贴吧名称、QQ号等，吸引感兴趣的网友入群。

但有一点需要注意，要找与社群有关的视频进行回复和评论。如果在教育培训类的视频下面发布烹饪类的内容，肯定是格格不入的；而在动画类视频平台发布与动漫相关的社群信息，将会事半功倍。因此，通过视频网站聚集粉丝，最重要的是要"精准"，在社群定位相符的视频下发布信息才更容易吸引精准用户的关注。

2.5.2 微博平台引流

微博平台是社群运营的主要场所，它具有信息公开、互动便利的特点，且很多微博账号具有超高的人气，是引流的必选渠道。

1. 通过微博搜索目标群体

微博用户规模庞大，而且用户的微博账号信息也是公开的。我们可以通过微博搜索社群目标群体对应标签的用户，然后通过私信的方式进行沟通交流，将其拉入社群。这样该成员在入群前对社群有了基本的认识，加入社群后，对社群的黏性也会比较大。

2. 在微博下留言互动"吸粉"

微博平台每天都会产生大量的热门话题，我们可以充分利用微博评论区的互动功能，发表关于社群定位、社群活动的相关内容。如果有网友发现社群与自己的兴趣点相契合，就会产生一种"找到同类"的感觉，自然愿意加入到社群中。

在微博中发信息的时候需要注意，微博平台具有较强的广告过滤机制，单纯的文字广告一般会被屏蔽。因此，在微博评论区留言时，在写好社群相关介绍后，尽量引导网友私信，以进一步向网友介绍社群。

2.5.3 微信公众号引流

微信公众号也是推送社群内容的一个重要渠道。通过微信公众号发布精准化的内容，且页面排版精美，能够不断地给用户提供优质、有价值的内容，就会激发用户交流、互动的热情，进而吸引他们入群。借助微信公众号聚集粉丝可以参考以下方法。

1. 文章标题的设置

在微信公众号分享的文章标题一定要有特点，具有识别性，让用户一看到就能联想到文章涉及的是什么领域，从而产生阅读欲望。如"监管放大招，你的钱还安全吗？"让网友一看就知道是关于金融理财的内容，且紧跟时事，又与自己的钱包息息相关，很好地刺激用户打开阅读。

2. 文章末尾的设置

在文章结尾处可以添加社群介绍的相关内容，如社群的定位、社群特点、社群活动等，吸引感兴趣的用户关注账号动态，进而加入社群。图2-20所示为"十点读书会"在微信公众号文章末尾设置的交流群信息，读者阅读完文章内容后很容易就会关注到这些内容，有兴趣的读者肯定会选择加入。

图2-20　"十点读书会"在微信公众号文章末尾处设置的交流群信息

3．评论区的交流互动

社群运营者可以在微信公众号的评论区发表自己的观点，其他读者看到这些内容，想要进一步讨论，就会愿意主动加入社群。图2-21所示为"十点读书会"微信公众号评论区中读者的互动，在交流互动中就有读者分享自己的社群信息，进而吸引了其他读者的关注。

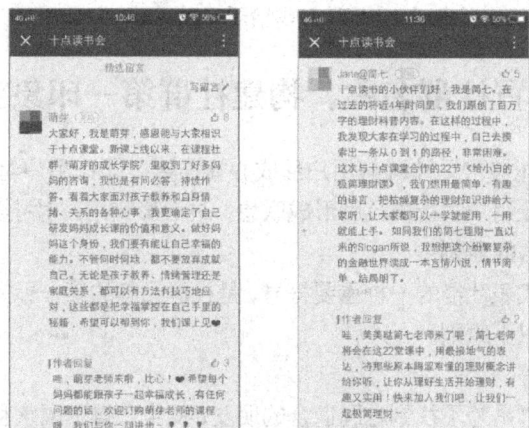

图2-21　评论区中互动交流分享的社群信息

2.5.4　知乎引流

作为知识分享类网站，知乎为网友的各类提问提供专业的解答，拥有广泛的受众。此外，知乎对网友的回答限制较少，网友可以在回答的内容中留下联系方式、社群信息、品牌信息等，可以产生很好的引流效果。通常来说，职场类、兴趣类、培训讲座类、技能提升类社群比较适合在知乎进行引流"聚粉"。

若想通过知乎聚集粉丝，必须在回答的内容上下足功夫，回答要专业，要能够与网友产生互动，且要深耕某个领域，长期回答该领域的提问，并形成自己的风格。因此，在知乎上需要不断提升自我能力，还要学会自我包装，在自己擅长的领域成为"达人"，在网友中形成号召力，这样才能实现聚集粉丝的目的。

2.5.5　新闻客户端引流

今日头条、搜狐、网易、新浪等客户端是目前主流的新闻类平台，拥有数量庞大的用户群，这些平台也是吸引社群粉丝的有利场所。

1. 借助评论栏引流

新闻类平台对普通用户开放的功能较少，用户可利用的主要是平台的评论栏。通常来说，当前热门新闻会有较多的关注者，因此可以在热门新闻的评论栏下进行评论或回复，在评论的内容中留下社群的相关信息，吸引网友的关注。

留言时要遵循"与社群相关"的原则，如培训类社群主要在教育类新闻评论区留言，金融理财类社群主要在财经、理财类新闻评论区留言等。

2. 设置昵称

有些新闻平台为了维护平台环境，可能会设置相关限制，如不能直接留下QQ号、微信号等联系方式。此时可以借助昵称来引流。在评论区进行回复时，可以留下这样的话："期待您的加入！入群方式请看我的头像。"

2.6　设置社群名称，构建社群第一印象

社群的名称能够帮助社群与用户形成心智连接，即让用户对社群形成一种看法，这种看法能让用户对社群品牌形成联想，进而影响用户对社群消费的选择。

1. 社群命名的原则

社群名称是代表社群的一种重要符号，是社群品牌的第一标签和印象。设置社群名称需要遵循以下原则。

（1）定位精准

用户加入社群是为了找到志同道合的朋友，从中获得归属感和满足感。社群的定位决定了社群命名的方向，社群名称要与社群的定位相一致，这样才能吸引精准用户。

（2）适于传播

为了更好地实现社群的价值，社群的名称要适于传播。这样有利于建立社群文化，同时又能满足社群用户交流和分享的需求，让社群名称成为用户共同认同的品牌要素。

生硬的名称容易引起人们的反感，而好玩、有趣、奇特的名称往往更具传播性，

当名称都成了用户议论的焦点，社群传播就会变得很简单。例如，一个交流美食经验的社群，如果起名叫"美味厨房"，可能显得缺乏新意；而如果叫"食话"，则既符合社群的定位又新奇，往往更容易吸引用户的关注。

（3）简单易记

社群名称尽量简单好记，朗朗上口，这样更利于传播。如果名称非常复杂，一方面不容易让用户切实领会到社群的定位，另一方面用户在给别人介绍的时候也很难把名称说对，这样容易给用户留下不良的第一印象。

当然，如果社群的名称较长但非常押韵或者词语、句子为人所熟知，可以不用考虑字数的问题。好的社群名称就是要让人一眼就能看明白社群是干什么的，然后迅速印入脑海中。

2. 社群命名的方法

一般来说，社群命名的方法主要有三种。

（1）从核心源头延伸

从社群的核心源头延伸名称，即社群的名称与社群的核心源头存在密切的关系，但仅仅从名称并不能看出具体的信息。例如，从灵魂人物延伸社群名称，如"大熊会""罗友会"等；再如，从核心产品延伸社群名称，如"果粉""魅族汇"（见图2-22）等。

图2-22 "魅族汇"官网首页

（2）从目标用户出发

社群的目标用户是谁，就将社群命名为与目标用户群体相关的名称，让用户从名称上一眼就能看出这个社群是干什么的。例如，"十点读书会"以目标群体的行为爱好命名；再如，"橙子学院"以目标群体所追求的"成长，长成自己的样子"理念命名。

（3）核心源头＋目标用户

最后一种命名方法就是将前两种方法结合起来，如"吴晓波频道""秋叶PPT"等。

在给社群起名时，很多人都会挖空心思地想要独树一帜。这种想法当然没错，但有时过犹不及，往往会产生负面的效果。社群命名的特别要注意以下几点。

（1）不要出现生疏、冷僻词汇

名称使用生疏、冷僻词汇会增加用户识别的难度，无形中为用户设置了一道障碍，忽视了用户的体验感。社群名称应该是用户参与到社群中的跳板，而不是阻碍用户进入的障碍。

有的人别出心裁，在名称中使用"犇""骉""猋"这样的字，但对于用户来说，这样的字既难以识别又难以理解。在这种情况下，用户很可能就会选择忽视掉这个名称，社群自然会失去一批潜在用户。有的学习型社群为了体现自己的高品质，用了一些"高大上"的词，这样虽然可以聚集一些精英成员，但如果你没有足够的资源，通常很难驾驭这样的高端社群。

（2）不要使用宽泛词汇

所谓宽泛词汇，就是指基础性词汇，如"同城健身会""深圳车友会"等。这些名称同质化非常严重，缺乏辨识度。因为健身会、车友会太多了，用户很难分清谁是谁。如果否认了社群之间的差异化，否认了社群的独特价值，社群名称就丧失了对用户的吸引力。

（3）不要频繁改名

互联网时代事物更新换代的速度极快，社群的发展也应该与时俱进。社群的定位要随着社群的发展而发展，群名称在有需要的时候也应该随之更改，但一定不能频繁地更改，若没有非改不可的原因，则不宜更改名称。因为社群经过发展已经形成了规模和社群文化，一旦更改名称会需要进行一系列的修改更新，并可能会对社群的后续发展产生一定程度的影响。

【课后习题】

1. 查看你加入的所有QQ群、微信群，你认为它们能给用户带来哪些价值？
- 让更多的人更好地了解某件产品。
- 让某个区域的人能更好地交流互动。
- 让具有共同价值观的人聚在一起探讨问题。
- 聚集了某个行业的精英，影响更多的人。
- 为一些人提供交流兴趣、爱好的机会。
2. 查看自己加入的社群，分析它们是否有明显的回报承载物？

3

第3章
建章立制，建立高执行力的
组织规则

【学习目标】
➢ 掌握社群的成员组成结构。
➢ 掌握社群监督体系的构建方法。
➢ 掌握设置社群入群门槛的方法。
➢ 掌握设置社群入群规则的方法。
➢ 掌握设置社群交流规则的方法。
➢ 掌握设置社群内容分享规则的方法。
➢ 掌握设置社群奖惩规则的方法。
➢ 掌握设置社群淘汰规则的标准、原则以及方法。

　　正所谓"无规矩，不成方圆"，任何组织一旦缺乏规矩的约束，其秩序就会变得异常混乱。社群亦是如此，没有规则的社群会让广告、"灌水"猖獗，人越多就会越混乱，越混乱闲杂人等就越多，势必会形成恶性循环，最终使社群走向灭亡。因此，在建立社群之初，就应该建立规则，以便日后的管理。好的社群规则也有利于社群内容的生产，让社群保持持续的活跃度。

3.1　理清人设，明确社群成员的角色定位

　　社群的成员划分呈现多元化的特点，既有金字塔塔尖的社群群主，又有社群管理员、意见领袖、活跃分子等成员。不同的成员属性让整个社群的体系更加紧密，彼此之间互相影响，从而激发社群持续产生正能量，使社群的发展更加稳定，更具有可持续性。

3.1.1　社群群主

群主是社群的灵魂，广义上的群主可以是一个人，也可以是一个品牌，所有的社群组织都是围绕它而出现的。而这些人或品牌，无一例外都具有非常显著的特点，如小米手机所强调的互联网思维，罗振宇强调的"死磕自己，愉悦他人"的智慧。它们在发展过程中最终形成了自己的个人魅力或品牌魅力。

独一无二的魅力是任何品牌都不可或缺的，一旦形成自身魅力，社群就会形成文化特质，并不断复制裂变，甚至产生变现。例如，对"70后""80后"造成深刻影响的周星驰，其执导的电影《美人鱼》上映时，伴随着官方活动的同时是各式各样的粉丝活动，而"我们欠星爷一张电影票"则成为当时最热话题，各地影迷积极行动，最终造就了这部电影的票房神话。

这就是周星驰的个人魅力，虽然其本人没有刻意营造社群文化，但受他的影响，贴吧、微博、微信、豆瓣诞生了一个个社群组织，每个社群组织又不断地创造新的话题，比如影片观后感、达人短片制作等。

社群群主不一定要对社群进行直接的管理或维护，但他需要借助某种方式源源不断地在社群中形成影响，可以是一段演讲，可以是一款产品，也可以是一次经历，并且这种影响是其他人、其他品牌完全不能替代的。

例如，魅族手机的"魅友家"，是"魅友"在全国各地的"大本营"，如图3-1所示。他们因为魅族品牌而结识，因认同魅族"追求极致、因梦想而立"的理念而最终走到一起。"无魅友，不魅族"成为全体"魅友家"成员统一的行动口号。各城市"魅友家"每年都会在当地举办多种形式的线下聚会和线上活动。此外，"魅友家"团队也会在全国开展形式多样的官方活动，如技术沙龙、新品品鉴、行摄分享、魅友家High、泳池嗨趴等。

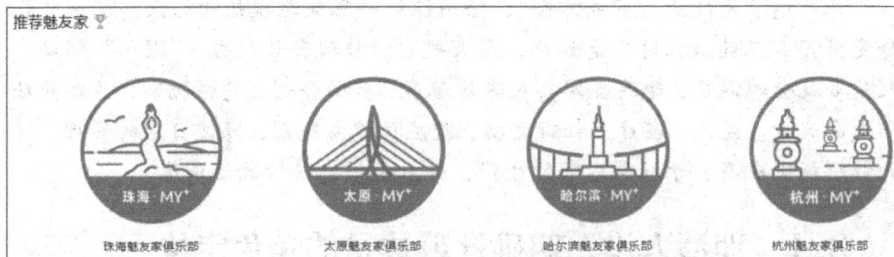

图3-1　各地"魅友家"俱乐部Logo

魅族手机品牌方并不是这些社群的直接管理人，但魅族手机的一举一动都会对所有的社群产生强有力的影响，这就是品牌魅力所带来的影响力。因此，在运营社群之前首先要确定群主是否已经形成了足够的个人魅力或品牌魅力，这将会对社群的意识形态以及活跃度造成直接影响。

3.1.2 社群管理员

为了维护社群的秩序，保证社群的正常运转，社群有必要设立管理员，负责社群日常的管理工作。正如QQ群的群主、贴吧的吧主一样，他们要在社群中有一定的影响力，同时愿意为广大社群成员服务。

1. 管理员需要具备的特质

社群管理员需要具备以下特质：

- 拥有良好的自我管理能力，能够以身作则，率先遵守群规；
- 拥有责任心和耐心，认真履行群管理的职责；
- 团结友爱，遇事从容淡定，决策果断，懂得顾全大局；
- 赏罚分明，能够灵活运用社群规则对成员的不同行为做出合理的奖惩。

2. 管理员的设定

从某种程度上说，社群管理员对社群的作用不亚于社群领袖。在设定社群管理员时可以遵循以下原则。

（1）由品牌方人员担任管理员

对于由品牌发起的社群来说，最了解社群文化、社群基因的莫过于品牌方了。因此，由品牌方的人员担任社群的管理员，负责社群管理的一系列工作，最能把控社群话题的方向。同时，管理员也可以在第一时间内推送品牌发布的相关活动，甚至为社群提供一些"内幕信息"，最大限度地刺激社群的活跃度。

（2）社群成员组建"管理层"

社群成员达到一定规模后，管理起来将会更加复杂，一名社群管理员显然无法应对所有工作，此时不妨通过申请、选举等制度组建社群管理层，以此分担主管理员的压力。

可以将管理员划分为不同的等级，分散职责，以更好地行使管理权。从低到高，各个等级管理员的主要职责如表3-1所示。

表 3-1　管理员等级划分以及主要职责

管理员等级	主 要 职 责
初级管理员	提醒新入群者及时规范群昵称，统计每日成员签到数据，引导成员原创内容分享
管理员组长	一个群内达到四位初级管理员后即可设置管理员组长，由管理员组长统领该群内的所有管理员，主要负责监测群内成员交流质量和群活跃度
副总管理员	每个副总管理员负责约2～3个群，也就是说每个副总管理员下有2～3个管理员组长。副总管理员帮助总管理员统计每个群的运营数据，如签到数据、内容分享数据等
总管理员	负责整个社群的管理活动，搭建社群管理架构，制订社群活动计划，负责社群内容输出管理

为了体现社群公正、民主的氛围，社群管理层最好从社群成员中选择；同时，可以实行定期轮换制，以让更多的社群成员有机会参与到社群的管理当中，增强社群成员在社群中的归属感和参与感。

3.1.3 社群意见领袖

意见领袖是指在人际传播网络中经常为他人提供信息，同时对他人施加影响的"活跃分子"。他们在大众传播效果的形成过程中起着重要的中介或过滤的作用，他们将信息扩散给受众，形成信息的两级传播。社群意见领袖是社群制造话题、组织活动、社群运营的重要力量，是社群组织的最核心团队。

1. 意见领袖的必备特质

作为社群中的意见领袖，必须要具备以下几个特质。

（1）丰富的知识储备

领袖之所以能成为领袖，正是因为他们在某些方面达到了其他人不能企及的高度。因此，想要真正地影响别人，形成一呼百应的效应，首先自身要有丰富的知识储备，甚至要达到专业的级别，这样才能为别人创造有价值的信息，让别人对你信服。

（2）独特的人格魅力

意见领袖必须要有独特的人格魅力，这样才能对别人产生吸引力，进而影响他。意见领袖也许是做事认真负责，也许是乐于助人，也许是组织能力很强，也许能言善辩，总之必须给人留下深刻的印象。

（3）严谨的思考能力

通常来说，社群意见领袖是社群运营人，或者是某个小组的负责人，这就要求他们必须具备严谨的思考能力。例如，当社群决定发起活动时，社群意见领袖要对活动的策划以及开展通盘考虑全局掌控，当活动不具操作性时要能提供有力的依据。只有拥有严谨的思考能力的人，才能更好地从各个方面维护社群的发展，并引导社群成员善于思考。

2. 意见领袖的产生

意见领袖的产生有两种方式，一种是内部产生，另一种是外部引入。

（1）内部产生

所谓内部产生，就是在社群的日常交流中，凡是具备上述几个特质，积极参加活动并发表评论等的成员都可以成为意见领袖。内部意见领袖是非常重要的，与外部引入的意见领袖相比，它更具可信度，同时还能鼓励其他社群成员积极成长。

对于可以担当社群意见领袖的成员，一方面要给予一定的鼓励与奖励，另一方面要与其私下建立良好的个人关系，经常性的单独交流是必不可少的。对于社群中关键性的人物一定要多加关注，他们往往能产生牵一发动全身的作用。借助于他们的力量，能够充分、准确地了解社群运营中存在的优缺点，从而从全局上把控整个社群。

除了带动社群的气氛，意见领袖另一个重要的作用是参与社群的维护。不管是作为管理员，还是活动发起者，或是裂变节点，这些既能让意见领袖获得成长，又能带动社群的发展。

意见领袖参与社群的重要工作时，一定要给予其足够的利益，让社群和他们一起成长，甚至可以帮助他们建立自己的社群。社群与社群之间并不是竞争关系，人的需求多种多样，通过自己社群中的核心成员能够形成以自己社群为核心的周边品类的社群生态，进而助力自己社群的发展。

（2）外部引入

从外部引入意见领袖往往面临很多条件的限制，还会涉及一些利益分配的问题，但是如果利用得好也能帮助社群扩大覆盖范围，甚至可能通过与外部人员的一次合作，将其纳入社群共同发展。从外部引入的意见领袖通常以经验分享、讲课为主，这样的人本身就带有影响力，无须再对其进行培养，为其创造影响力。

与外部人员合作可以采取帮其建立社群的方式，这样既能保证他的利益，又能减轻社群的运营压力，同时还能围绕外部引入的意见领袖形成社群的多中心化群组，进而形成多点覆盖，扩大社群的影响力。

3.1.4 社群斗士

所谓社群斗士，就是一群拥有互联网"热血精神"的人，他们对自己的偶像和品牌有超强的忠诚感，为了维护它们的形象，经常会与其他网友展开辩论，从而引发了一场场激烈的互联网"大战"。

小米、魅族、锤子等主打"情怀"的品牌在这一点上表现得尤为突出。当品牌发布新款手机时，"米粉""魅友""罗粉"就会积极行动，表现出强烈的支持，甚至为了维护本品牌的形象，还会和其他品牌的粉丝发生口水大战，一时间成为互联网热门话题。图3-2所示为"米粉"针对他人对小米的误解发表的对小米的情怀支持。

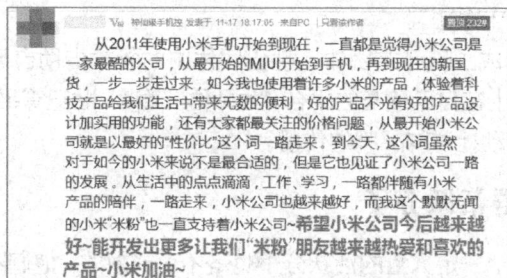

图3-2 小米论坛"米粉"的发帖

这些粉丝就是"社群斗士"，他们所造成的个体影响力虽然没有群主与意见领袖的影响力那么大，但他们对于品牌的忠诚与维护却是毋庸置疑的。正是因为他们的存在，社群才更具凝聚力，制造的话题更丰富也更加抢眼，品牌形象得到更大限度的宣传。

对于如何培养社群斗士，可以遵循以下原则。

1. 以文化价值培养斗士

一些社群在运营的过程中常常会陷入一种误区：要想激发社群内部活力，就要不断地发红包。的确，发红包很容易将社群用户的积极性调动起来，但用户的这种积极只是表面的，一旦停止了发红包，用户发现没有便宜可占，他们的积极性就会下降，社群很快就会陷入沉寂。如果社群中每个人的目的都是为了获得利益，那么当社群无法为他们提供利益时，粉丝逃离是不可避免的结果。因此，必须让社群的文化价值成为影响社群成员的主导。例如小米手机、魅族手机和锤子手机的情怀定位，其内容都具备鲜明的文化价值导向性，容易让粉丝产生归属感。

想要做到这一点，在进行品牌推广时就必须要有所侧重，抓住产品最核心的概念进行传播。例如，母婴社群可将"温暖/贴心"作为核心概念不断传播。在传播核心概念的同时，意见领袖也必须采取行动，发挥自己的作用。这样才能对普通粉丝造成影响，让粉丝逐渐形成社群斗士群体。

2. "滚雪球"积累斗士

一个团队的建设，需要时间的打磨。社群斗士群体的组建也不例外，它需要用"滚雪球"的方式来积累。因此，在初建社群时就必须要让元老粉丝对社群的价值观形成高度的认同，通过组织线上交流活动、线下见面活动、产品免费测试活动、写真实评测等方式提升成员的忠诚度。当首批元老粉丝形成"强力团体"时，他们的行为、气质就会对后面加入社群的成员产生影响，进而新人也可能会发展成为一名斗士。

当然，也可以将最初的元老级斗士培养为新的社群领袖，让他们成为斗士团队的领军人物。一个具有网络热血精神，对社群绝对忠诚的粉丝，同时又具备丰富的知识储备，此时他又成为领袖式的人物，势必会对更多的粉丝造成影响，从而建立起斗志昂扬的"斗士军团"。

当社群斗士形成了自己的团体，斗士团体中的领袖借助自己的影响力凝聚士气，不同的社群斗士在自己擅长的平台，如微信、微博、贴吧等平台不断发布话题，必将最大限度地带动社群与品牌的传播。

3.1.5 社群活跃分子

在社群组织中，一定数量的活跃分子也是不可或缺的。他们不一定能像意见领袖那样高瞻远瞩，做出有利于社群发展的深度思考，但在整个社群的运营中他们是必不可少的"调味剂"。活跃与调侃是活跃分子的最大特点，他们每天会签到、交流，分享趣味话题，让整个社群呈现出火热的状态。有时他们还会创造出具有高热度的话题，激发所有社群成员的大规模讨论。

但是，人的热情也是有限的，不可能一直保持高昂的兴奋状态，如果缺乏一定的激励刺激，待热情消退后便会陷入沉寂。一旦社群活跃分子的热情消退，逐渐转为低调，整个社群的活跃度也会直线下降。为了避免出现这种情况，针对社群内的活跃分子，可以给他们提供一定的福利以刺激他们的热情。

1. 优先参与线下活动的权利

如小米和魅族品牌，它们每年都会举办大型的"粉丝节"，在粉丝心中被邀请参加现场活动是一种至高无上的荣誉。因此，让社群内的活跃分子享受一些优先参与权，不仅能让他们喜欢"凑热闹"的心态得到满足，同时又能让他们充分发挥自己在发图片、发视频、进行手机直播等方面的长处。这种"特权"会刺激他们的热情，并让这种热情延续下去。

2. 颁发虚拟荣誉

每个人都有虚荣心，如果一个人的虚荣感得到了满足，就会激发其内心的热情，他也会表现得更加活跃。因此，如果社群有自己独立的论坛，可以为社群中的成员设置一套虚拟荣誉榜，按照粉丝不同的活跃度为他们颁发虚拟荣誉，并将荣誉直接呈现在页面中，让每一个社群成员都能看到，进而刺激其他成员的热情。图3-3所示为小米社区为表现突出的"米粉"颁发的虚拟奖章，代表了荣誉与成就。

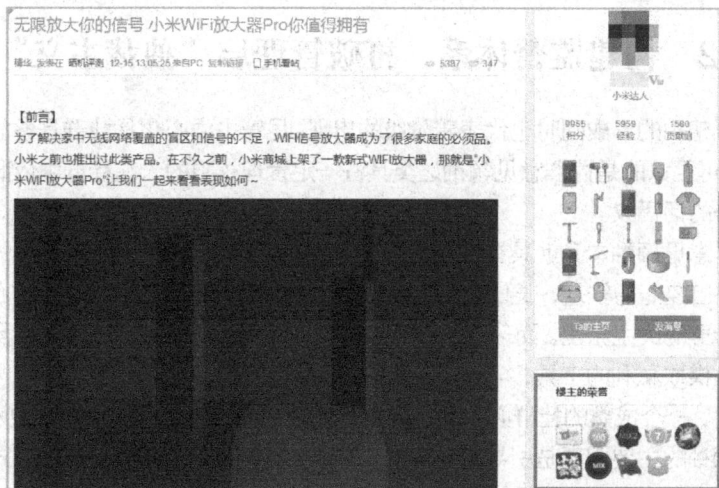

图3-3　小米社区为"米粉"颁发的虚拟荣誉

一个社群的活跃分子会有很多，并且会不断地更新，老的活跃分子逐渐变得低调，新的活跃分子不断"上位"，这样整个社群才能长久保持稳定的活跃度和新鲜感。因此，对于社群品牌来说，定期举办诸如测评比赛、摄影比赛、读书会等具有互动性的活动，有利于刺激整个社群成员的兴奋感，让所有成员都能处于活跃之中。图3-4所示为小米社区举办的2017年感恩季活动。

图3-4　小米2017感恩季活动

3.2　构建监督体系，打破管理层"独裁主义"

社群架构的形成同时也代表着阶级的出现。尽管去中心化是社群具备的一个特质，但不可否认的是社群意见领袖之类具备一定管理权限的人在社群中依旧存在着相对强势的话语权。

社群意见领袖本身就具有较高的影响力，或多或少都有"高人一等"的心理优势，如果自控能力较差，长期受到过度吹捧，很容易产生"君临天下"的心态，严重破坏社群的民主氛围。而一旦社群意见领袖产生了膨胀心理，社群很容易便成为他为自己谋取私利的工具，导致整个社群畸形发展。

因此，一个成熟的社群必须要有监督机制才能保证社群稳定、健康地发展。社群意见领袖的主要职责是引导粉丝思考，完善社群的发展，而非以独裁方式压制粉丝的思维，形成专权的等级组织。一个社群的建立与形成自己的文化，应该是成员共同讨论的结果，并在潜移默化中逐渐形成，而非依靠社群意见领袖的独裁主义。

尽管社群意见领袖可以享受一定的权力，例如制定社群规则、发起活动等，但不等于他就可以凌驾于其他"粉丝"之上，其权力应该受到一定的约束。

1．建立投诉渠道

在论坛、贴吧等平台运营的社群，应当设立相应的"投诉主题帖"，用户可以对管理层提出疑问甚至质疑，而社群管理层必须对此做出回复。只要发布的内容不违反社群规则、不涉及人身攻击，任何人都不得删除相应内容。这样就保障了社群成员的权利，每个人可以对社群管理层进行直接监督，让社群的管理做到公开、透明。

2．建立完善的删帖机制

任何社群不可避免地都会存在一些"害群之马"，这就需要社群的意见领袖或相关管理人进行删帖、"踢人"，这是保证社群健康运行的基本机制。但是，为了防止出现管理层随意删帖、"踢人"的情况，应该建立公开、透明的删帖机制。例如做出明确规定，以周或月为单位，公示哪些帖子被删，以及删帖的原因。这样既能保障社群成员的知情权，并对他们起到警示作用，同时也可以避免管理层因为私心而随意删帖。

3.3 设定入群门槛，避免"劣币驱逐良币"

想要成为高质量的社群，就要先做好成员入群时的筛选。如果什么样的用户都可以加入社群，那么这个社群就变成了"乌合之众"，很难持续下去。免费的东西往往不会有人珍惜，不劳而获的事情无法引起人们的重视。长此以往，也就难以避免"劣币驱逐良币"现象的出现。对于社群来说，其快速走向消亡便成为必然。相反，如果设置一定的入群门槛，成员们自然会重视社群的存在。因为他们知道，加入社群是有条件的，是自己通过达成条件而获得资格入的群。有了"付出感"，他们自然会格外珍惜这个群。

社群设置门槛就是为了筛选精准用户，过滤无效用户。进群门槛的高低决定了这个群质量的高低。有了入群门槛，就能通过门槛提前管理社群成员。例如，在入群前可以对申请用户进行方向性的筛选，这样就能让整个社群的成员向着一个预先设置好的良性方向发展。有门槛能让社群成员有仪式感，有仪式感就能让社群成员有归宿感，有归宿感就能让社群成员自然而然地相互贡献价值，所以设置社群门槛对社群的建设与运营是百益而无一害的。

一般来说，设置社群门槛的方法有以下几种。

1．付费制

付费制度，这是最常见、最普遍的一种方法，也是社群变现的一种方式。所谓"爱，就供养；不爱，就观望"，愿意付费入群的人肯定是认可社群的，当他们加入社群后，由于之前付出了费用，所以会更加珍惜。至于如何合理地设置付费金额，需要根据社群的价值而定。社群的价值越高，自然可以设置相对较高的费用。

在具体操作时，付费制度也是可以灵活变通的。可以是购买产品入群，如"秋叶PPT"就需要学员付费购买课程后才能获得入群的机会,进而享受更好的学习服务。图3-5所示为"秋叶PPT"课程说明,购买课程即可加入学员群,相互交流;也可私信老师,享受一对一的答疑解惑。

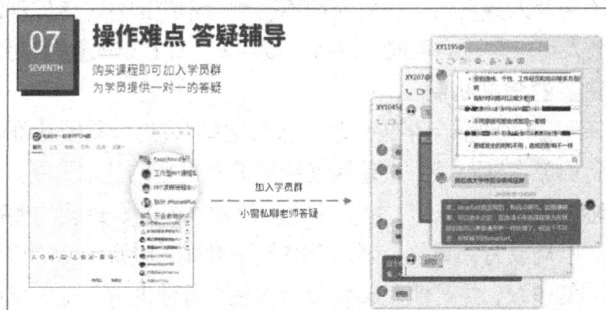

图3-5 "秋叶PPT"付费课程介绍

付费制度也可以是购买会员资格入群,付费成为拥有某种共同兴趣爱好的会员。例如"吴晓波频道",每个人入群时都要支付会员费,并且将服务划分为不同等级,根据服务等级面向不同的用户,同时用户支付不同等级的会员费用。

成为"吴晓波频道会员",可以享受"每天听见吴晓波"中的课程,会员费最低,如图3-6所示;"思想食堂"旨在为成员提供精神食粮,成为"思食会员"则可享受十几位思想大家分享的独特见解,会员费相对较高,如图3-7所示;而"企投会"是吴晓波开创的中国首个企业家投融资社群,会征请全球"资本投融""商业思想""财富管理""科技创新"等各界一线实战导师进行分享,旨在通过交互聚合式学习,为中国企业家们破解知识、产业以及资本焦虑,成就卓越的健康企投家,其会员费最高,如图3-8所示。

| 图3-6 吴晓波频道会员 | 图3-7 思食会员 | 图3-8 企投会会员 |

2. 邀请制

用户想要加入社群，必须由现有的群成员邀请推荐。新人在申请加入时，需要提交邀请人的ID，经社群管理员审核后方可通过。这种方法有诸多优势，如图3-9所示。

1　由现有成员推荐，该成员对推荐进来的新成员比较了解，符合社群的用户群体，也能节约筛选的时间和成本

2　新成员加入后，在推荐他的这位朋友的基础上，能够很快地适应群，对群的黏性也比较大

3　邀请人为社群的壮大投入了时间和精力，无形之中提高了社群的参与感，进而增加群成员的黏性

4　"我是被×××邀请加入社群的"的身份可以提升被邀请人的个人荣誉感，让其对社群更加珍惜

5　对垂直社群来说，聚集在一起的都是专业领域中的人，能够维持社群的氛围，有利于建立精英化的小圈子

图3-9　社群邀请制的优势

如"秋叶PPT"的69群（群成员不能超过69个人，超过69个人就必须要淘汰或换人）就不对外开放，而是实行群主邀请制，由群主邀请那些有才华的人入群。早期的知乎也实行邀请制，李开复、雷军、徐小平等互联网"大咖"和一批投资圈的从业人员成为它的种子用户。这就从根源上奠定了知乎的基调，并且让知乎迅速成为话题产品。有幸受邀加入知乎的用户谨言慎行，创造了一批高质量的内容，知乎进而得以迅速发展壮大。

3. 任务制

任务制就是完成社群制定的某项任务就可以加入社群。这种方式虽然无需付费，但是也需要一定的付出。至于任务的设置，可以很简单，也可以很复杂。一般有以下几种类型。

（1）好友分享

将社群或者社群的宣传主题分享到朋友圈或分享给朋友，达到一定的分享时间或者分享数量才能加入社群，或者"集齐×个赞"方可加入社群。

（2）填写资料

想要加入社群的用户需要填写报名表或个人资料等，虽然流程比较麻烦，但至少考验了申请者的耐心，在一定程度上保证了社群成员的质量。

（3）定制任务

根据社群的定位，向申请人发布与社群相关的任务。比如研究营销、文案的社群要求申请者撰写一篇文案，文案符合要求就可以入群。再有一种方法就是根据申请人的特点，为其量身定制一项任务，完成任务即可入群。

4. 申请制

像申请工作一样，先向社群管理者提出入群申请，经过社群管理者的审核，符合要求后才可入群。

5. 阶梯制

一旦社群品牌具备了一定的影响力，社群可能不会再局限于一个。此时可以采取阶梯化发展，将社群划分为初级社群、中级社群、高级社群不同等级。初级社群任何成员都可以加入，但要想进阶中级社群，成员需要完成一定的任务。想要进入高级社群，成员则需要具有某种能力、人脉和资源等。这样社群就能形成金字塔形的架构，也便于管理和激发成员的潜力，挖掘人才。

3.4 设置入群规则，为迎新增加专业感

制定入群规则，能够增强入群的仪式感，让群成员感受到群组织的正式与专业。设置入群规则需要解决三个问题：本群是一个什么样的群、我们要干什么、群成员自我介绍。

1. 本群是一个什么样的群

不管是微信群、QQ群还是论坛社区，要想让群组织显得井井有条，做好基本资料的设置和视觉化的统一是最有效的方法，这样群成员在入群的时候就会产生一种正式感和规范感。

（1）各个子群保持一致

社群发展到一定规模后会发生复制、裂变，进而产生一系列子群。以QQ群为例，为了保持各个群组的一致性，各个群的头像、名称、资料最好设置成统一格式，如"社群名＋序号""群主名＋归属地＋序号"等。图3-10所示为"和秋叶一起学PPT"的各个学习交流群，群头像、群名称、群标签保持高度一致。

图3-10 "和秋叶一起学PPT"群

（2）群成员资料格式保持一致

每个群成员的头像、昵称（名称）就如同团队里成员的着装，保持高度的一致性，不仅能让社群显得更加规范，而且有利于群管理员更好地进行管理，群成员之间也能更方便、快捷地相互了解。设置群成员昵称（名称）时不宜使用太过非主流的格式，最好不要在其中添加任何空格或符号之类的东西，以免产生混乱，使群成员不知所谓。

社群成员统一命名格式，如"昵称+坐标+行业""姓名+城市+职业""归属地+昵称+序号""身份+序号+昵称""归属地+类型+序号"等，既简单又便于识别和管理。图3-11所示为某个萨摩耶交流群，该群就要求群成员入群后使用统一的群名片格式。

图3-11　某交流群群介绍中的相关要求

2. 我们要做什么

一个优秀的社群，要让每一个群成员在入群的时候知道这个群是做什么的，并且要让群成员将群的作用牢牢地记在脑海中。社群管理者可以通过群公告或入群须知告知群成员入群后的相关事宜。一个好的群公告能大大减轻运营人员的压力，还能保证社群的良好氛围。图3-12所示为某互动分享群的群公告。

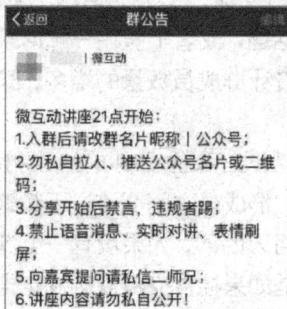

图3-12　某互动分享群的群公告

一般来说，社群公告主要包括以下几个关键部分。

- 这个群是干什么的。
- 整体的社群运营安排。
- 随机变换的最新通知。
- 鼓励的行为，如入群自我介绍、"干货"分享、成长感悟等。
- 不提倡行为规定，如发"鸡汤文"。
- 禁止规定，如无休止的争论、污言秽语、发广告、拉投票等。

3. 群成员自我介绍

成员入群后首先要进行自我介绍，这样能让成员彼此迅速地熟悉。做自我介绍时，有的人可能会比较局促，不知道从何说起，或者抓不住重点。此时，可以设计一个自我介绍的模板，列举一些要点，让成员在模板的基础上进行发挥。一般自我介绍主要包括以下几个要点：

- 姓名；
- 微信号或QQ号；
- 职业；
- 标签；
- 加入社群的原因和收获；
- 我能提供什么；
- 我的需求是什么。

不过，要求社群成员做自我介绍的时候也要考虑社群规模，人数太多的社群不宜要求每个人都做自我介绍，否则刷屏量将会非常严重，影响成员的体验。因此，对于人数众多的社群，可以只要求管理者和嘉宾或者是表现优秀的成员进行自我介绍，这也是一种奖励机制。

3.5 制定交流规则，做好"禁"与"可"的平衡

在社群中大家都需要进行交流，交流的话题不单单限于与社群主题相关的话题，还可以针对一些其他的话题，或者干脆在一起话家常，这都是一个健康的社群应该有的聊天互动。但是随着社群成员数量的增多，群内交流制度也要进行合理的设定。

交流规则主要是在社群活跃度和诱发刷屏之间寻找一个平衡点，尤其是在移动端，如果群内的活跃度太高，群成员之间交流过于频繁，会造成强烈的刷屏感，降低群成员的体验感。一个几百人的群，如果没有一个良好的交流规则的制约，就会导致交流秩序异常混乱；但是如果社群交流规则制定得过于严格，则让群成员觉得索然无味，或者会因为长期接收不到消息而忘记了群的存在。

1. 设定日常交流规则

社群的交流规则一般是与社群自身的定位相挂钩的，一方面要规范出哪些内容是严禁在社群中讨论的，另一方面也应该做出一定的平衡，让群成员的观点得到充分的表达，这样才能创建出既有专业氛围又有生活气息、让群成员感觉快乐的社群。图3-13所示为社群交流发言规则示例。

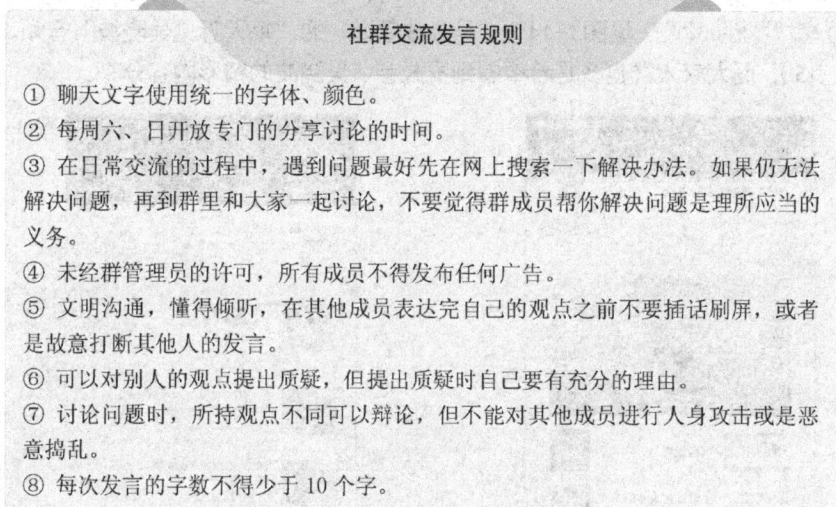

社群交流发言规则

① 聊天文字使用统一的字体、颜色。

② 每周六、日开放专门的分享讨论的时间。

③ 在日常交流的过程中，遇到问题最好先在网上搜索一下解决办法。如果仍无法解决问题，再到群里和大家一起讨论，不要觉得群成员帮你解决问题是理所应当的义务。

④ 未经群管理员的许可，所有成员不得发布任何广告。

⑤ 文明沟通，懂得倾听，在其他成员表达完自己的观点之前不要插话刷屏，或者是故意打断其他人的发言。

⑥ 可以对别人的观点提出质疑，但提出质疑时自己要有充分的理由。

⑦ 讨论问题时，所持观点不同可以辩论，但不能对其他成员进行人身攻击或是恶意捣乱。

⑧ 每次发言的字数不得少于 10 个字。

图3-13　社群交流发言规则示例

2. 设定专门的"灌水时间"

为了让社群更具生活气息，保持一定的活跃度，可以为群成员设定专门的"灌水时间"。比如早上九点之前聊聊天气、心情等，因为这个时候大多数人还没有上班，或者是在上班的路上，聊聊这些话题也可以舒缓大家的心情；中午12:00—1:00的休息时间也可以发发牢骚，舒缓一下工作一上午的压力；晚上6:00—8:00下班之后，也可以聊聊一天的工作收获。在其他时间段尤其是工作时，则禁止发表言论，以免影响正常工作。

3. 设定专门的发广告时间

有些群成员由于拓展自身业务的需要，会在不同的平台上发布一些广告信息，吸引潜在客户。对于这些广告，多数群管理者通常是直接删帖或将发广告者禁言，殊不知这种做法容易引起一些群成员的不满。

为了平衡社群发展与群成员诉求之间的矛盾，可以在社群中专门设定一个"广告时间"，每周拿出半天的时间允许群成员发布广告内容，但是需要做出明确说明——想进行咨询的须在私下与发广告者单线联系，不能在社群内交流商业信息，否则将会受到惩罚。

3.6　设置分享规则，保证内容持续输出

内容输出是社群的重要特点之一，为了刺激社群成员内容输出的持续性，保持社群的活跃度，社群的运营过程中有必要设置相应的内容分享规则。

1.　灵魂人物主导

很多人加入某个社群都是冲着运营者的名气来的，比如"罗辑思维"每天和用户分享"罗胖60秒"（见图3-14）、"吴晓波频道"的"每天听见吴晓波"音频（见图3-15），而大家入群也多是希望看到罗振宇、吴晓波的精彩内容分享。

图3-14　"罗辑思维"的"罗胖60秒" 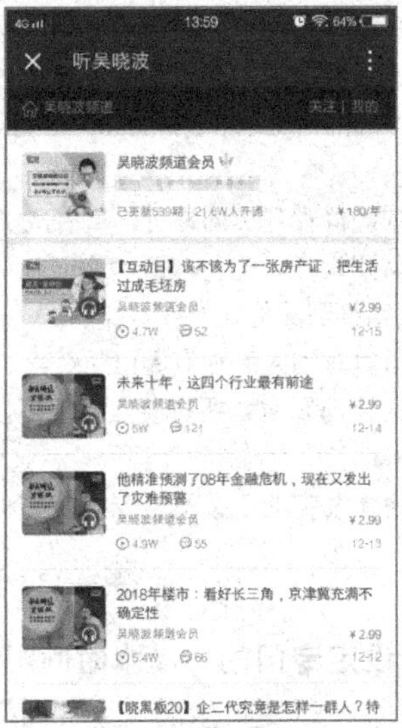　　　图3-15　"吴晓波频道"的"每天听见吴晓波"

这种分享机制要求灵魂人物拥有较高的能力，并拥有极高的威望，拥有源源不断的分享主体和组织内容的时间。

2.　邀请嘉宾分享

不定期邀请社群外的专家到社群进行分享，每次邀请的人不确定，图3-16、图3-17所示分别为"罗辑思维"嘉宾分享、"吴晓波频道"嘉宾分享。要想采取这种方法，要么是你的社群拥有广泛的人脉，有能力邀请各位嘉宾前来，要么是你的社群自身有足够的能力和知名度，能够吸引嘉宾。如果既没有人脉又没有能力，要想邀请知名嘉宾是比较难实现的。

3.　成员轮流分享

社群内容分享的最佳状态就是由社群成员主动分享丰富的高质量内容。比如，李笑来的"共同成长群"，就要求加入群的成员承诺在未来一年内在群里做一次线上分享。

图3-16 "罗辑思维"嘉宾分享　　　图3-17 "吴晓波频道"嘉宾分享

4．物质激励成员生产内容

通常来说，物质激励是最直接的激励方式。如果像老板给你涨工资或者是抢微信红包一样，可能不能产生持久的效应。但是，如果将物质激励与社群内容生产结合起来，往往会产生较好的效果。

例如，下面这个社群刺激成员生产内容的方法便值得借鉴。

每周"你问我答"，最优问题、最优解答退还会费

活动介绍：为了充分利用群友才智，解决群友的实际问题，本群每周举行一次"你问我答"活动。具体规则如下。

* 每周最优问题和最优解答都由群友投票选出。
* 每周提出最优问题和写下最优解答的群友，均可以100%返还入群费。

现在开始收集下周的问题，有问题的可以私信管理员，或者直接在本帖下面留言。

这种做法既以退还社群费的方式向社群成员进行实际的物质激励，且参与门槛较低，让社群成员愿意投入时间和精力参与其中，营造了社群成员的参与感，最重要的是通过提问与解答为社群生产了一批优质内容。

3.7　设置奖惩规则，奖励与惩罚缺一不可

奖励与惩罚是管理与运营社群过程中必不可少的手段。设置合理的奖励与惩罚机制有利于提升社群的活跃度，维护社群的良好秩序，为社群成员创造健康的交流学习环境。

1. 设定奖励机制

社群的文化就是"三人行，必有我师"，很多时候大家遇到问题可以相互解决，而不仅依赖于"大咖"。那么，当某个人抛出问题的时候，别人为什么要帮他解决这个问题？别人为什么要主动分享有用的内容？仅仅依靠奉献精神、虚荣心是不能让成员自愿分享与主动帮助的心态持久的，所以就需要设立一套奖励机制。

奖励机制有多种，概括起来可以分为物质奖励与精神奖励两大类。

（1）物质奖励

物质奖励，如群成员自发打赏、赠送产品、产品试用奖励，甚至现金奖励。红包打赏同样是非常有效的物质奖励机制，只要群成员为社群的产品、服务或者是社群管理模式提出了有效的建议，管理员就可以给他一定的红包奖励。数额无须太多，但一定要在群里当众表示。

（2）精神奖励

精神奖励包括置顶说明、颁发荣誉奖章，或在产品界面中致谢，甚至可以是"实地奖励"，如小米社区的"米粉之星"评选活动。"米粉之星"是小米社区对年度优秀"米粉"（从小米社区特殊组以及普通用户组的优秀"米粉"中遴选出的杰出代表）给予的最高荣誉称号，如图3-18所示。成功当选"米粉之星"，不仅可以获得小米社区荣誉勋章，还可以获得小米社区&小米公司联合颁发的奖杯，以及"三包"参加家宴的资格，后续不定期的神秘福利。

图3-18　小米社区"米粉之星"评选

　　无论采取哪种奖励机制，都应该以"为社群贡献力量"为基本原则。也许一个成员做出的贡献并不瞩目，提出的并不是什么"高、大、上"的建议，但只要是对社群的发展有益，受到所有群成员的一致认同，那么他就应该获得鼓励与奖励。

　　某些群成员做出的突出贡献多是"机动事件"，可遇不可求，并且涉及的人数较少。为了形成更加广泛的奖励机制，让所有群成员都有一种"荣誉感"，可以建立签到奖励机制。例如，连续签到15天可获得5元优惠券，连续签到30天可获得线下活动参与资格，连续签到半年可获得会员升级资格等。群成员一旦养成了每天签到的习惯，不仅为社群带来了全新的奖励机制，更是加深了社群在群成员心中的存在感。

2. 设定惩罚机制

　　为了维护社群的良好秩序，保证社群健康有序地发展，惩罚机制必不可少。通常来说，社群惩罚机制主要包括以下几种模式。

　　（1）小窗提醒

　　对于影响较小的错误，如群成员由于计算机、手机等硬件的原因导致同一条信息反复发布的情况，管理员只需要向该成员发出小窗提示即可。如果有必要，可以协助群成员解决问题。

　　（2）私下单独警告

　　如果社群成员的违规行为较为严重，给其他成员或社群运营造成了不良影响，如发表不当言论、无理取闹等，此时管理员应该主动与其沟通，要求对方停止无理取闹，并向其强调："不得发表不当言论！有不满可通过合理的、符合规定的方法投诉，而不是在社群内不断发牢骚。"

　　（3）短暂禁言警告

　　随着社群成员不断增多，群成员之间难免会发生一些摩擦，可能会在群里争吵不休。如果双方的争吵没有上升到人身攻击，管理员可以向双方发出短暂禁言的警告，待两人心平气和之后再解封。

　　（4）公开惩罚

　　对于经多次劝说无效，甚至开始谩骂、进行人身攻击的社群成员，一旦发现应该对其进行公开惩罚，如在社群公示其名字。此外，要在社群中详细说明其所作所为，最好配有截图、语音等证据，使其心服口服，也让社群其他成员引以为戒。

　　（5）直接踢群

　　对于严重违规的社群成员，如随意散发本社群明确规定不可外传的文件资料，在其他地方散布本社群的虚假负面信息，或是对其他社群成员进行人身威胁、金融诈骗等，可以直接对其采取踢出社群的最严厉惩罚，并禁止其再次申请。同样，要在社群中对踢群信息进行公示，并明确说明该人员违反了哪些社群规定，对其他社群成员进行警示。

惩罚手段是保障社群健康运转的基础，无论何人都不能拥有特权，即便是社群的管理者，这是社群惩罚机制的底线。

3.8 设置淘汰规则，以"负激励"刺激社群活跃度

作为社群的运营者，想必一定遇到过这些问题：社群成立之初活跃度很高，但是一段时间后发言的人越来越少，对于长期不发言、不表态的成员应该如何处理？为了激励大家的成长，组织了各类线上活动，对于总是不响应、不反馈的成员怎么办？此时，社群运营者就应该考虑到社群的淘汰机制。

1. 淘汰规则的作用

激励可以分成两种：正激励和负激励。很明显，社群淘汰规则是一种负激励。它具有以下作用。

（1）促进社群活跃

激励成员们在社群中更积极主动地发言，活跃社群氛围。

（2）淘汰后进者

当个人的成长速度跟不上社群团体的成长速度时，这表明他/她已不再适合待在这个社群，即便他/她付出了入群的经济成本。这个道理跟企业及其他组织是一样的。

（3）塑造稀缺感

一般来说，人们往往对容易得到的东西不是很珍惜。当社群作为一种稀缺资源时，站在社群外的人才会对社群产生向往。其实，设置淘汰规则最根本的目的只有一个，就是促使社群成员投入时间和精力，更加珍惜这个社群。

2. 设置淘汰规则的标准与原则

无论是什么组织，淘汰成员都要有凭有据，让人信服。社群也不例外，在淘汰规则的设置上必须遵循一定的标准与原则。

（1）标准要清晰、可量化

既然是标准，那么必须是清晰和可量化的。对于微信群来说，如签到、发言量、红包发放量、投票等行为；对于贴吧来说，如发帖量、主帖、回帖量等，这些都是衡量社群活跃度的参考指标。比如一个坚持阅读的社群，每个月阅读的书的数量就是一个非常具体的可量化的标准。

（2）给予社群成员即时反馈

淘汰规则在实施的过程中应该给予社群成员即时的反馈，这样才能强化社群行为。一是让成员实时了解自己在完成这一过程后所能做出的贡献有多少，比如他在社群中的占比、排名和贡献值等；二是要将成员做出的贡献实时向全

员公布。

3. 设置淘汰规则的方法

在社群运营中，常用的淘汰规则有以下几种。

（1）违反规则被淘汰

对社群正常秩序造成危害的行为必须即时制止，一旦发现有人在社群中发广告，或者是在群里争吵、谩骂，对其他成员造成不良影响，就需要利用群规对其做出惩罚。如果要"踢人"，需要事先约定好规则，对于屡教不改者严格按照规则执行。

（2）设定标准，达不到被淘汰

如果某个社群成员经常保持在线活跃状态，也不发广告，是否就能一直留下来？其实，社群也要看成员的贡献的，并非成员遵守规则就可以。如BetterMe社群，BM码字营设立有统计监督的角色，统计大家每天是否码字，然后根据预定的标准进行"踢人"和叠加积分。有成员发广告要被踢出群，成员每天码字数量不够、天数不够要被踢出群，成员经常不活跃也要被踢出群。设定了这样的规则，BM码字营的运行非常活跃。

健身、读书、减肥社群都可以参照具体量化的标准去执行淘汰规则。

（3）规定人数，超额即淘汰

为社群设定一个最大人数限制，一旦人数超过这个限制，群里那些表现不活跃，对群无贡献的成员就要被淘汰。比如"秋叶PPT"的69群，规定群成员永远不超过69个人，一旦人数超额就要"踢人"。通常是长期潜水或长期没有分享过内容的人被淘汰，这样的调整非常有利于社群不断更新成长。

（4）设定标准，根据标准升降级

针对不同的成员，社群可以设定不同的层级进行管理，利用积分制度对成员的层级进行升降级。这点非常类似于各社区或者论坛的会员层级系统。比如百度知道的等级体系，如图3-19所示。用户可以通过回答、互动、完成任务

图3-19　百度知道用户账号等级

等行为,提升等级。百度知道将为处于不同成长阶段的用户提供不同的服务和特权,以满足不同阶段的用户需求。这一体系共包含21个等级,若用户在成长值、采纳数、采纳率、认证数4个维度的成绩满足相应等级标准,则可以提升等级。

3.9 如何合理地设计社群规则

合理地设计社群规则是保障社群健康有序发展的基础,是维护社群稳定、繁荣的有效机制。群规一定要根据社群自身的情况进行设计,甚至一个社群下属的不同分社群,也要根据分社群的特点在规则的设计上有所区别。

1. 禁止乱发广告、乱拉人

禁止乱发广告、禁止乱拉人是社群最基础的规则,但也可以在此基础上有一些灵活的变通,一些通过群主审核的、对社群有价值的广告是可以发的。

2. 根据社群的特点制定相应的基础规则

要从社群的定位出发,设计符合社群气质的规则。比如偏娱乐性的社群,成员讨论各种话题,只要有趣、好玩,能够调动社群活跃的氛围,规则的设置可以相对宽松一点;而学习性质或者成员总体素质较高的社群,社群规则的设置就需要相对严格一点,包括入群的门槛、发言的思想导向、发言内容是否有价值等都需要做出规定,以此保证社群保持高质量的活跃度。

当然,为了不让社群的氛围显得过于严肃,也可以设定允许讨论其他话题的时间。这样既能防止社群的正常节奏被打乱,又能调解社群过于严肃的氛围。

3. 根据运营机制制定特别规则

为社群设定特别规则是达成社群目的的必要手段。特别规则的设定与社群的定位有着直接联系。比如一个学习日语的群,大家聚在一起是为了练习日语口语,提升日语表达能力,那就可以规定成员每天早上要发一段日语语音;一个摄影交流群,就可以规定每周举办一次线上摄影展,成员可以相互交流经验。

【课后习题】

1. 在自己加入的所有社群中挑选一个,分析这个社群的成员组成结构,看看在这个社群中哪些人是意见领袖,哪些人是活跃分子,他们在社群中分别有何行为表现。

2. 回想一下自己在加入某些社群时是通过何种形式获得的入群资格?刚入群的时候是否需要完成社群管理员设定的某些入群要求?

3. 查看自己加入时间最长的社群,分析它的内容分享机制是什么样的?社群中分享的内容都是由谁创作的?

4 第4章 提升社群活跃度，与沉寂的死群说"不"

【学习目标】
➢ 掌握营造社群仪式感、参与感的方法。
➢ 掌握创造社群分享内容的方法。
➢ 掌握在社群发红包的技巧。
➢ 掌握组织线上分享活动的方法。
➢ 掌握举办线下活动的方法。

社群管理员通过各种手段拉拢成员组建了社群，然而没过多久社群便丧失了活力，成了灌水群、广告群、沉寂的死群。这是很多做社群的人遇到的普遍问题，也是比较棘手的问题。那么，如何才能提高并保持社群的活跃度呢？社群运营者应从社群价值、内容、活动、奖励等方面入手，本章将对此进行深入分析。

4.1 精神吸引，打造有气质的社群

仅靠单纯的物质吸引，并不能让成员对社群形成真正的"归属感"，就如同一个知名的企业，留住精英员工的方法绝不仅是依靠高薪奖励。在物质吸引的基础之上，营造精神领域的吸引力，才能进一步激活社群的活跃基因。

4.1.1 仪式感：以专业的态度增加成员的信赖

在心理学上，仪式感的目的就在于用一套精准的外界刺激，利用强烈的心理暗示对意识进行引导，使人产生内心的信赖。因此，一套完整的社群入群仪式会

给新入群成员带来一种强烈的仪式感，既能体现社群的正规性和专业度，又能让新入群的成员产生一种强烈的自我暗示，提升他们在社群中的专注力、反应力和行动力。

创建一套完整的入群仪式，可以从以下方面入手。

1. 成员修改名片

当有新成员入群时，社群管理者要通过群公告、系统邮件等方式告知成员按照群成员统一命名的格式修改自己在群里的名片，并完善自己的信息。待熟悉一段时间之后，可以要求成员上传自己的真实照片，以加深成员彼此之间的认识。

2. 主动签到

社群管理员可以引导新人到社群相应版块进行"新人签到"，签到的形式无须太过复杂，让成员简单地说明自己加入社群的原因即可。

3. 完成社群任务

以论坛或App形态为主的社群，可以为新人设置相应的"社群新人任务"。例如，在正式入群之前，要求新人完成头像修改、阅读社群说明等任务；或者要求新人阅读群内精华帖、问答帖，进行回复后方可入群。这样能让新人在刚入群时就对整个社群特点、文化有个初步了解，让他们不至于与其他成员产生太大的陌生感和隔阂。

4. 设置欢迎仪式

在新人完成相关的入群仪式后，社群老成员也应该积极行动，对新人的加入表示欢迎，配合新人的入群仪式，让新人入群成为一次"社群互动"，而不仅只是新人一个人的事情。

管理员看到有新人加入时，要及时与新人打招呼，让新人感受到社群对他们的欢迎与重视；同时，及时向新人发送入群手册、签到网址链接等信息，引导新人尽快熟悉社群。

此外，社群内的其他老成员也应该有仪式感地建立新人欢迎模式，号召所有老成员欢迎新人的加入，并互相进行自我介绍，与新人展开互动，让新人感受到社群的活跃氛围，快速参与到话题互动中，降低他们对社群的陌生感，让他们快速对社群产生精神层面的喜爱与依赖。

4.1.2 参与感：让成员爱上你的社群

自从小米通过社群口碑营销走向成功之后，"参与感"便被众多互联网人奉为社群运营的关键。你的社群可能存在不活跃、不团结、发展缓慢等问题，其实很可能就是你的社群没有打造好参与感。

1. 打造参与感的好处

社群参与感的打造对社群的运营有着重要的影响，主要表现在以下方面。

（1）方便社群管理

社群成员参与感的增强也意味着积极性的增强，社群成员对社群产生了参与感，就会自发地在社群中组织一些活动，也会事无巨细地多为社群考虑，因为他们已经把社群当成自己的家。这也能在很大程度上减轻社群运营者的工作负担，社群成员们甚至会自行处理解决社群运营中出现的一些问题。

（2）弱化中心，增强整体意识

参与感就是为了增强社群成员表达自身观点的意愿，这样能最大限度地弱化中心，让社群成员能够发挥所能，积极表达自己的意愿。真正的社群本来就应该是人人都参与进来，人人平等的，能对所有人起到约束作用的只有大家都一致认可的规则。

（3）贴近社群成员的实际需求

社群运营者了解成员需求的方法，不能单单是运营者从自身角度出发所做出的调查，让成员参与到整个社群的运营过程中来更能切实体会到社群成员的需求，同时也让社群成员对产品和社群理念更加了解。

2. 如何打造参与感

我们都知道参与感很重要，但很少有人知道应该采取何种方法提高参与感，从而让成员产生归属感，加强其对社群的黏性。

提高社群参与感最重要的是在社群的日常运营中增加互动环节，带领大家一起去完成一件事情，并让成员在参与中获得利益。

（1）增加互动

参与感的打造，关键词是两个字，就是"互动"。通过互动让成员参与，以满足大家"在场介入"的心理需求。互动是了解的基础，有了互动打下的基础，情感连接就更容易建立。

① 增加课后互动和作业环节。

传统的学习型社群以微课作为社群的日常活动，往往成员的参与度较低，很容易出现大量成员"潜水"的情况。为了提升成员的参与度，可以布置课后作业，要求社群成员定期上交课后作业，并请讲师进行简要点评。

通过设置这样的环节，在成员听课时，与社群产生了第一次的连接；课后提问又产生了第二次连接；再加上交课后作业和老师点评，成员与社群总共产生了4次连接。这将会大大提升成员的参与感，也能因此筛选出对社群抱有重视心态的成员。例如，"秋叶PPT"在课程结束后都会给学员布置课后作业，学员提交作业后，讲师会做出点评。图4-1所示为"秋叶PPT"的秋叶在微博上对学员作业点评。

另外，运营人员也需要定期清理长期"潜水"及长期拒绝交作业的成员，以保证群内成员的精准。

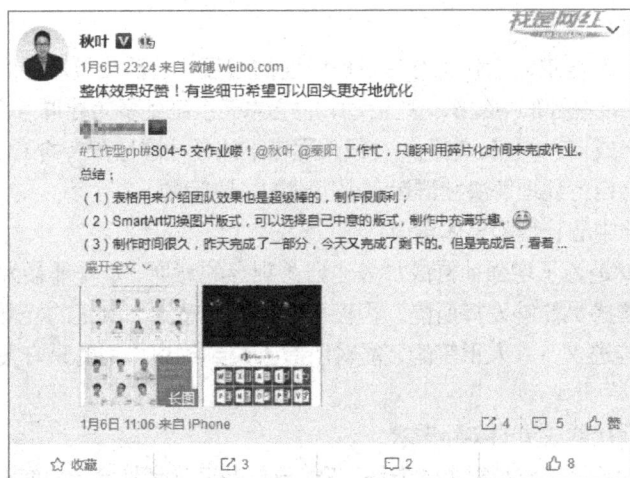

图4-1　学员作业点评

② 成员的吐槽也是一种参与。

不要担心和畏惧成员的负面评价，要勇敢地面对其至鼓励成员对社群的产品或内容进行吐槽或提出建议。比如小米提升参与感的方法，就是聚集一群种子成员为产品的研发提供意见，以完善产品的设计。在采纳成员的建议后，可以适当给予提出建议的成员一些奖励，增强其对社群的归属感。

③ 与成员打成一片。

除以上方法外，也可以在做正事之余带着成员一起玩游戏，如各种接龙游戏、互评等。通过简单的社群游戏增加成员之间的互动，有助于社群的活跃和成员之间感情的联系。例如小米社区举办的搞笑段子征集活动，鼓励"米粉"用段子手的方式，搞笑地表达出2017年中自己最喜欢的小米产品的理由，如图4-2所示。

图4-2　小米社区举办的搞笑段子征集

（2）为成员设置荣誉奖励

在当下快节奏的生活状态下，已经很少有人愿意做那些所谓徒劳无功的事情了，因此要设置一些荣誉或利益奖励来刺激成员参与某件事情的积极性。

① 精神激励

很多打卡型社群会为那些能长期不间断地完成打卡目标的成员制作一张奖状，这就是精神激励。成员通过获得奖状得到社群的认可，并再次与社群产生连接，从而提升了参与感。学习类社群设置的毕业奖状、毕业仪式也是同样的道理。

② 物质奖励

在物质奖励方面，可以选用一些社群周边产品，能代表社群特色的相关小物件、纪念品，如社群的徽章，设计精美的纪念T恤、水杯、笔记本等。这些物质奖励不仅能让成员获得自豪感，也给了成员一个发朋友圈 "晒单" 的理由。

③ 创新玩法

除了以上两种奖励方法以外，有的社群会推出一些新奇、好玩的玩法。曾经某打卡群会让用户入群时自愿缴纳500元的押金，用户每分享打卡一天即可获得部分押金返还，分享打卡的天数越多，获得的返还就越多，完成全部打卡任务的用户甚至可以拿到额外的奖金。通过这样的机制大大提升了成员的参与感，多数成员都能长期坚持打卡。

（3）与社群成员共同完成一件事

在此需要再次强调社群的定义："一群有共同特点的人，聚在一起完成同一件事"，因此与社群成员共同完成一件事是社群的本质。

① 让成员感觉被需要

例如，一些行动类社群，大家聚集在一起有事可做，社群的活跃度就高，成员参与感更强。成员通过一起完成社群中的某件事，会让他们感受到自己存在的价值，感受到自己被需要。

例如，"魅族魅友家" 举办的公益活动，魅友为贫困地区的孩子赠送爱心物资，帮助他们度过寒冷的冬天，如图4-3所示。这样的一个举动既让贫困地区的孩子获得了帮助，也让 "魅友" 们感觉自己帮上了忙，有一种自己被需要的感觉。

② 让成员参与社群建设

让成员直接参与到社群的建设管理中来，让社群成为成员共同参与建设的作品，如 "吴晓波读书会" 设立的班委制度，就是让成员自己管理自己。在这种制度下，对于班委来说，社群就好像是他自己的一样，成员不仅会非常积极地参加社群组织的每个活动，还会积极发挥自身资源，吸引并带动身边的其他成员。

当然，参与感的打造并不是凡事都让成员自己来，把所有问题都抛给成员，让他们自己思考。打造社群的参与感不能少了规则的引导以及经验的总结，运营人员需要花费精力，倾听每一位成员的声音，这样才能使社群的凝聚力越来越强。

图4-3 "魅族魅友家"俱乐部举办的公益活动

4.2 内容为王，内容创新是留住粉丝的关键

从互联网诞生之初，内容就始终是品牌运营的核心。再好的商业模式，如果没有充实的内容，始终是"空中楼阁"。社群时代，"内容为王"依旧毫不过时。例如，"吴晓波频道""罗辑思维""樊登读书会""凯叔讲故事"等知名社群，一旦缺乏内容创新，必将造成大量粉丝的流失。因此，创造可以让成员真正留下来的优质内容，是社群保持活跃度必不可少的环节。

4.2.1 创造可持续输出的内容

那些让人记忆犹新、过目不忘的社群，是能不断创造并持续输出内容的社群。典型的如"罗辑思维"，每天60秒的语音推送、图书推荐、"大咖"观点分享、社群集体活动……不断的内容更新与推送，让"罗辑思维"的粉丝每天都会产生新思考，看到新的话题讨论。图4-4所示为"罗辑思维"微信公众号每天推送的内容。

而有的社群往往会陷入一种窘境：随着新成员的不断涌入，社群规模不断扩大，社群主打内容却逐渐无法满足众多社群成员的需求，因此社群中出现各种"灌水"、无意义的聊天。随着无意义闲聊的增多，社群的元老、有价值成员逐渐发现社群已经不再具备价值，于是他们纷纷选择"潜水"甚至退群，从而导致社群的影响力日趋平庸，最终走向消亡。

那么，如何避免因内容缺失而导致社群活跃度下降？又如何让社群创造可持续性的内容输出？

图4-4 "罗辑思维"微信公众号推送的内容

1. 了解受众群的需要

社群主打内容之所以能够持续输出，并引起成员的广泛讨论，是因为社群成员喜欢这些主题，这些主题解决了他们某些方面的需求。因此，在推送内容之前，首先要知道社群的受众群到底是谁，他们究竟需要什么。

所谓有价值的内容，并不是照搬网上热门内容，更不是通过刷屏博取眼球，而是要精准地触及目标群体的需求。成员之所以会加入某个社群，是因为他觉得这个社群能够满足自己某方面的需求，为自己提供有价值的内容。

因此，在正式打造社群，持续输出内容之前，要对成员的需求进行调查和分析。可以在社群中发起投票，看看成员们最关注哪些主题，然后对这些主题的内容进行重点挖掘。同时，要关注成员的留言，根据成员的建议进行主题调整。唯有让每个成员都感到社群推送的内容是有价值、有意义的，社群才会有存在的基础。

2. 打造社群内容创作团队

对于规模较大的社群来说，持续地输出内容是一项庞大的工作，因此可以创建一支团队，进行专业内容的创作。团队的成员不一定是社群运营团队的成员，可以是意见领袖，也可以是有见地、有知识、活跃的社群分子。这样既能减轻社群运营者创作内容的工作量，又能调动社群成员参与创作的积极性，如"樊登读书会"开展了长期征稿活动，既激发了成员的创作热情，又能增加丰富的原创内容。

3. 社群管理员筛选有价值的内容

除了维护社群的正常运转，社群管理员还应该具备推荐、引导的能力。一个社群每天产生的话题和有效内容有很多，想让成员看到所有的内容，从中自行筛选最有价值的信息显然是不现实的。因此，社群管理员就必须要培养辨识和筛选内容的能力，从众多话题和内容中甄选出最符合社群气质、最能体现社群内在价值的内容。

4.2.2　用稀缺内容点燃社群成员讨论的燃点

与社群文化相符、社群成员感兴趣、社会热点、行业热点等之类的话题确实能激发社群成员讨论的欲望，但它们并不是真正能点燃社群讨论燃点的话题，因为社群成员对这些话题早已非常熟悉。由于太过熟知，对它们很难形成更具深度的讨论；而社会、行业热点话题在网上也有太多的文章论述，同样很难再创造出更新颖和独树一帜的观点。

真正可以激活讨论氛围的话题，应该是那些建立在社群兴趣基础上的稀缺内容。正所谓"最熟悉的陌生话题"，才更有讨论的价值，更利于发散思维。

例如，对于产品类社群来说，"如何借助手机设置一个家庭娱乐中心"，用一部手机实现电视、计算机等设备的一站式管理就是非常具备讨论价值的内容；对于图书阅读类社群来说，可以一起分享哪本书的影视改编最成功、最贴近原著，哪些音乐最适合某本书的阅读氛围等。图4-5所示"十点读书会"针对《三毛传》发起的话题讨论就颇具讨论价值。对于职业技能培训类社群来说，可以分享"如何让PPT具有动感，让视频与文字同步展现更具吸引力"等。

图4-5　"十点读书会"针对《三毛传》发起的话题讨论

以上这些话题的选择和内容的设定，都是在紧扣社群文化背景的基础上又做出了一定的突破，必定会让成员产生眼前一亮的感觉，刺激他们用一种全新的思维参与讨论。因此，要勇于打破惯性思维的束缚，用"脑洞大开"的话题激发成员讨论的热情。

要实现这一目标，需要社群管理层、意见领袖、活跃分子共同努力和配合，不断地"脑洞大开"，为社群提供全新的话题思路和内容规划。对于那些为社群话题制造和内容创造做出突出贡献的成员，社群也应该给予相应的奖励，这样才能激发成员不断寻找稀缺内容的积极性，为社群营造更热烈的讨论氛围。

4.2.3　小专题互动，"接地气"才能人人参与

大多数社群都比较热衷于推出各种大型深度话题的讨论活动。例如，2016年年初百度贴吧爆出了大规模的医药、疾病类贴吧被高价贩卖的新闻，于是很多新闻端、网站几乎同时推出了关于这个新闻的话题讨论。

（1）从百度贴吧的产业链，可以看出我国监管领域存在哪些空白？

（2）百度贴吧如何顺利度过此次危机？未来将何去何从？

……

不可否认，这些话题讨论紧扣时事热点，具有极强的讨论性，一旦用户展开了深入讨论，必定能产生诸多精彩的言论，社群的档次也能瞬间得以提高。因此，各路专家、学者纷纷撰写相关文章在网络上分享，文章的后面也吸引了诸多网友的讨论。

然而，我们会发现参与文章分享与话题讨论的基本上都是一些意见领袖式的人物，并非普通用户不想加入讨论，而是因为这样的话题太大、太高端，普通人缺乏专业的知识和行业素养，无法说出有含金量的观点，所以普通用户往往是在旁边看热闹。因此，在看似百家争鸣的背后却是多数人的沉默无语。

对于社群来说，最可怕的就是出现这种大多数人沉默的现象。这样的氛围一旦形成，社群将会走回传统老路——整个社群以意见领袖为中心，其他成员只是社群意见领袖的追随者，他们只会在意见领袖发表观点时随声附和。一旦社群形成这种氛围，社群的活跃度自然会降低。

因此，深度、高端话题造就的是"社群大神"，虽然不可或缺，但毕竟少之又少。不要忘了，社群更多的是由那些普通成员组成的，虽然他们没有专业的知识储备和较高的社会地位，但正是由于他们的不断讨论、互动与学习，才让社群呈现出活跃的气氛和蓬勃发展的态势。

要想让社群在保持深度、高端话题讨论的同时，又能激活每一个社群成员的活跃基因，一种有效的方法就是推出社群小专题话题讨论，让每个人都能轻松参与其中。针对前文所提到的百度贴吧事件，在保持高端话题讨论的同时，可以发布一些小专题互动。

（1）有谁曾经在百度医药类、疾病类贴吧中活跃？期间有没有遭遇过问题？

（2）如果百度贴吧无法再让人信服，你觉得哪些社区可以取代它？

（3）说说你对百度贴吧的印象，它在哪些方面做得较好，哪些方面做得不好？

……

相较于那些深度、高端的话题来说，这些小专题更接地气，普通网友不必纠结

于专业知识、大数据，使用生活化的语言就可以对这些问题做出回答、分析。

同时，这些小专题形式多样，具有不同的侧重点，即便社群成员在某个专题中找不到切入点参与，也可以在另一个话题中找到切入点。这样一来，多数人都可以在社群中找到适合自己的话题并参与进去，整个社群的活跃度必将提升。

例如，"秋叶PPT"团队在微博发起的各种话题活动，让学员在参与讨论的同时还能自我检测，通过讲师的指导提升自己的能力。图4-6所示为"秋叶PPT"发起的"和秋叶一起学PPT"话题，激励那些想学好PPT的学员把自己的作品加上#和秋叶一起学PPT#发微博，由老师对作品进行点评。此话题引起了学员的广泛参与，如图4-7所示。

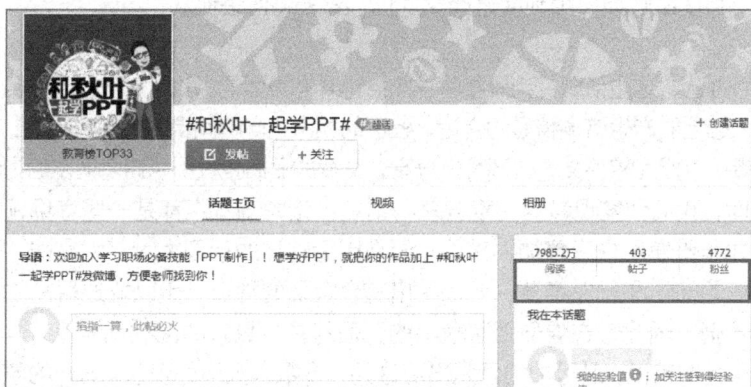

图4-6　"秋叶PPT"发起的"和秋叶一起学PPT"话题

图4-7　学员参与话题互动及讲师对学员作品进行点评

所以说社群是属于所有成员的，只有集体互动、人人参与，社群才能始终保持高活跃度，并形成自己的文化体系。

4.3 物质"诱惑"，用礼品激活社群活力

人们普遍存在着"占便宜"的心理，区别仅在于多寡而已。对此，在运营社群时可以巧妙地加以利用，以激活社群的活力。例如，分享有奖、礼品赠送等都是常见的物质"诱惑"。

没有人不喜欢惊喜，因此借助各大平台不定期地进行礼品发放，或者发起抽奖活动，往往能产生非常好的互动效果。

微博平台最适合搞礼品发放的活动，微博的公开性和病毒式传播的特性，很容易将社群氛围迅速引爆，进一步吸引更多的微博用户在"抢礼品"的过程中关注品牌，并成为粉丝，进入社群。图4-8所示为"吴晓波频道"官方微博开展的转发微博赠送书的抽奖活动。

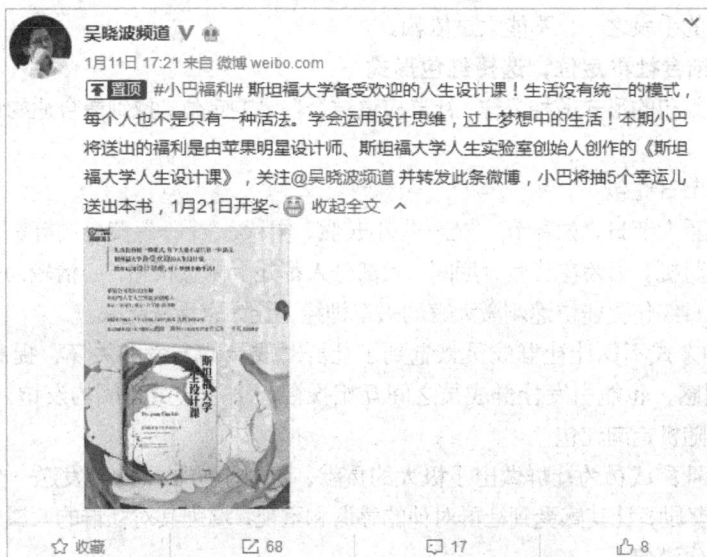

图4-8 "吴晓波频道"官方微博抽奖活动

这样的礼品派发活动给粉丝们带来了最直接的物质奖励，几乎没有人会拒绝这样的活动。粉丝收到了礼品，还可能会第一时间在朋友圈、微博和自己的好友分享，这样也使活动得到进一步的宣传，进而扩大活动的影响范围。

除了微博平台，在微信公众平台、QQ群中都可以开展这样的礼品发放活动。但无论选择在哪个平台开展抽奖活动，都应该遵循以下原则。

1. 制定合理的活动周期

一次抽奖类活动往往能给社群带来两周的高频次互动，因此举办活动间隔的时间不宜过长，以免粉丝在漫长的等待中逐渐丧失兴致。通常来说，一次活动的时长为两周较好。同时，在一个活动结束之后，下一个新的活动也应该排上日程，以让粉丝始终保持参与活动的热度。

2. 注意活动的公平、公开、公正

举办抽奖活动，要保证活动的公平、公开、公正，这样才能让粉丝信服，他们才会愿意参与活动。因此，在举办活动时要按照相关平台的规则进行发布，避免给人留下"暗箱操作"的疑虑。

4.4 发放红包，用红包大战炸裂社群氛围

红包对于社群建设有很大的作用，巧妙地利用红包可以提高社群成员的活跃度。但红包是建立在直接利益之上的，是"弱吸引力"，只能将其作为提高社群成员活跃度的手段之一，不能太过依赖。

1. 结合社群定位，选择红包形式

发放红包的形式多种多样，社群应该结合自己的定位，找到最合适的红包发放形式。

（1）节日红包

每逢重大节日，如春节、"五一"小长假、中秋、"十一"黄金周等都是发放红包的良好时机。因为在节假日期间，大部分人都处于休息状态，心情较为放松，此时发放节日红包更能快速刺激大家的兴奋神经，让大家活跃起来。

这种方式不仅让社群成员感觉到了社群对成员的友爱和关怀，提高社群成员的归属感，也能引发社群成员之间互相祝福，增加成员之间的友谊。

（2）随机定向红包

如果社群成员为社群做出了极大的贡献，这时不妨私下为其发送一个定向红包，以示奖励，让其感受到社群对他的感谢和重视，增强其对社群的归属感，从而刺激其创作激情。

例如，"秋叶PPT"举办的"群殴PPT"活动，秋叶团队除了会对成员提交的PPT作品做出点评之外，对于优秀的作品，团队会给他们发放奖金，以示奖励，如图4-9所示。这样不仅让成员感到自己的付出有了回报，刺激了社群成员创作的积极性，更体现了社群的人文关怀，增强了成员对社群的忠诚度。

其他社群也可以采取这样的方式，给那些为社群做出贡献或积极参与社群活动的成员派发红包，并在社群中做出公开表扬和展示，这样能最大限度地刺激成员的积极性，提高社群活跃度。

图4-9　秋叶团队为"群殴PPT"获奖作品发放奖金

（3）虚拟的"资产红包"

红包不一定是现金，它可以是优惠券、礼品券、抵现红包等。对于游戏类社群来说，最吸引用户的无疑是虚拟的"资产红包"，如游戏装备、游戏币等。当成员达到某个级别或完成某个游戏任务后，即可凭借截图，在社群中领取相应的"虚拟货币"，领取的奖励可以直接用于游戏之中。

2. 把握红包发放的原则

想要借助红包刺激社群活跃度，增强用户黏性，提升品牌形象，就必须做好以下细节。

（1）发放红包师出有名

不要毫无目的地发红包，而应师出有名。例如，发节日红包应配合相应的节日气氛，在发红包时写上一句祝福语，让成员感受到红包的情感分量，而不是简单地点击获取；而奖励性的红包，可以写上几句鼓励人心的话，激发成员的荣誉感和自豪感，让其始终保持积极向上的热情。这样有了情感要素的植入，社群成员会更加依赖社群，红包成了一种情感的附加值体现。

（2）多平台互动

对于一些规模较大、粉丝较多的社群来说，借助微博平台开展发红包活动可以很容易地形成话题效应；而对于中小品牌，尤其是主要依托于微信群的社群来说，要想让发红包活动催高话题热度，就需要借助多平台互动的刺激。

例如，以微信群为主的社群，要在发红包活动开始之前提前发布微信公众平台的内容，提示成员发红包的具体时间和参加活动的方法。如果这条内容新颖、独特，必然能吸引社群成员转发至朋友圈，进而使发红包活动让更多的人看到。这样一来，即便社群的规模有限，也同样可以让红包活动达到广泛传播的目的，加深社群成员的印象。同样，QQ群也可以在贴吧、论坛等平台发布相关主题帖，让社群的影响力进一步传播。

让多个平台互动起来，形成交叉互补的信息传播网，自然能最大限度地提升社群的活跃度。

（3）选择合适的发放时机

社群发放红包的时机也应有所讲究，避免在不当的时间段发送红包，否则不仅让红包"石投大海"，不会引起丝毫波澜，还会对社群成员的正常工作与休息造成影响。

① 避免深夜发红包。临近深夜，大部分人已经入睡或即将入睡，显然此时发红包参与的人不会很多。即使有一部分人尚未休息，但只要开始发红包，手机必然会产生各种信息提示音，尤其是当成员开始兴奋地进入话题讨论后，这必将会对其他已经休息的成员造成骚扰。

② 避免工作时间发红包。通常来说，上午9:00—11:00、下午2:00—5:00是大家忙于工作的时间，此时发放红包会影响到成员的工作效率。

③ 最佳发放时间为晚上8:00—9:00。对于大多数人来说，晚上8:00—9:00是他们自由时间最宽裕的时间段。此时一天的工作已经结束，晚饭也已经完毕，社群成员可以最轻松的状态领取红包，并愿意参加话题讨论。因此，可以选择这个时间段来发放红包。

当然，发放红包的时间并不是固定的，社群可以根据实际情况灵活选择，如除夕夜，发放红包的最佳时间就是午夜时分。同时，尽可能在多平台对红包活动进行预告，甚至可以将社群的红包发送形成一种文化，如哪些节假日会发放节日专属红包、每周哪些时间段会发放随机红包。当红包活动形成体系后，社群在传播时就有了新的宣传点，能给社群推广带来极佳效果。

4.5 线上分享，用参与感与荣誉感提升社群凝聚力

线上内容分享具有成本低、易传播的特点。线上分享的作用非常多，可以用来变现，可以用来提供增值服务，可以用作内部培训，可以用来"吸粉"。可以说，线上分享是社群提供自我价值、活跃群成员的主要方式。

4.5.1 线上分享的方法

线上分享的方法有很多，最常用的有嘉宾互动分享和群内讨论。

1. 嘉宾互动分享

邀请一些嘉宾进行分享，在群内和大家互动，最后整理形成一份书面材料分发

给群成员，这是最简单的一种线上分享形式。图4-10所示为"罗辑思维"的嘉宾互动分享。

图4-10 "罗辑思维"嘉宾互动分享

嘉宾分为两种，即群外的"大咖"嘉宾和内部成员。如果是群外"大咖"嘉宾，在邀请之前要事先通过各种渠道了解对方的情况，越详细越好，这样在交谈的过程中就能迅速抓住对方的需求点，从而达成良好的合作。

要注意与合作过的嘉宾保持良好的关系，以便于日后重复合作。对于分成费用等问题需要一开始就商量好，对于部分要求较多的嘉宾要保持充足的耐心，但如果他的要求已经影响到社群运营的效果，本次过后除非不得已，就不要再请这个嘉宾了。当然，还要考虑分享的质量、成员的反馈等因素，合作的嘉宾多了，自己也要有个筛选。

2. 群内讨论

群聊分享是一种非常好的线上分享形式，可以细分为成员话题分享和领域"达人"分享。所谓成员话题分享，即需要一个人作为话题发起者，然后在社群内开启无差别集体讨论，每个人都可以是分享者。

领域"达人"分享，顾名思义就是以一个分享者为主，分享人针对特定主题集中阐明观点，群内其他成员在适当时间提出个人问题或观点，由主讲人进行解答。

成员话题分享和领域"达人"分享的区别如表4-1所示。

表4-1 成员话题分享和领域"达人"分享的对比

对 比 项 目	成员话题分享	领域"达人"分享
分享人员	每个成员都可以是分享者，但需要有一个话题引导者	以一个分享者为主，其他成员可以在允许发言的时间补充自己的观点
分享内容	符合大众兴趣的话题	分享者自己擅长的领域
分享方式	公布话题后，成员可轮流发言	以分享者发言为主，其他人不得随便插话，想要表达观点时需经过分享者的同意
分享流程	成员随机发言	分享者可以提前做准备，也可临场发挥
分享效果	如果话题能够激发成员讨论的热情，成员的参与度会很高，但交流秩序不易控制，话题交流容易跑偏，且容易产生刷屏	如果分享者分享的内容质量不高或不具有价值，则无法激起成员的参与热情，分享的参与度会很低

4.5.2 线上分享模式的选择

线上分享的主流模式有以下几种，社群运营者应该根据社群特点和成员需求等因素进行选择。

1. 使用"千聊""荔枝微课"等工具的语音分享

这是目前最主流的分享方式。"千聊""荔枝微课"平台的注册非常简单，按照提示操作即可。这些平台自带传播海报等多种工具，可以为公众号引流；更重要的是能够沉淀所分享的内容，实现重复播放。即使是做付费分享，操作起来也非常方便。例如"吴晓波频道"的"吴晓波音频"（见图4-11）和"罗辑思维"每天发布的"罗胖60秒"（见图4-12），采用的就是这种模式。

图4-11 吴晓波音频

图4-12 罗胖60秒

2. 微信群、知识星球（原名小密圈）等私密分享

采用这种方式主要是为特定成员提供特别服务，因为这种方式相对私密，也对内容和成员有所要求。如果不想让内容过多扩散，可采用微信群的方式，在分享结束后解散微信群。"知识星球"的优势是可控性较强，而且可以沉淀精品内容。

3. 纯文字分享

其实各大平台的软文也可以列入分享的内容，还可以将语音分享进行总结，整理成文字，形成二次传播。

4. 视频、音频直播/录播分享

这类模式适用于课程、培训内容的线上分享。视频、音频直播可以与用户形成实时互动。社群运营者将分享的文件保留下来，稍作剪辑就可以生成一节录播课程。之后将其放到"网易云课堂""喜马拉雅"这些平台上，可以达成持续传播效果。如"秋叶PPT"的网易云课堂，如图4-13所示。

图4-13 "秋叶PPT"网易云课堂的视频课程

如果想要举办一次实时的线上分享活动，应该采用哪种模式呢？到底是语音分享好还是图文分享好？这就需要对两者进行对比，如表4-2所示。

表4-2 语音分享和图文分享对比

对 比 项 目	语 音 分 享	图 文 分 享
分享方式	分享者发送语音，如果分享的内容极具价值，能给听众带来很好的体验	分享者发送文字、图片内容，有的人会认为这不属于分享
内容构成	需要临场发挥	可提前进行系统的准备
受众接收效果	有的人可能会选择听，有的人可能会不听	有的人会跟着分享者的节奏进行交流，有的人可能只是对内容进行浏览

续表

对 比 项 目	语 音 分 享	图 文 分 享
分享效果	每个人都发语音容易对其他人形成干扰，因此在某些分享过程中会要求，除了分享者其他人不能发语音。此外，如果听众身处公共场合，则需佩戴耳机，一定程度上给听众增加了麻烦	随时随地可查看，不用担心会给旁人造成影响，且将观点用图文的形式表达出来，会让观点更具条理性，便于别人思考与理解
内容二次利用	如果想要将分享内容进行后续输出，需要进行大量的整理工作	提前准备分享内容，在分享的过程中可以随时复制，加入一些"干货"，分享结束后也可以将分享内容快速形成文件，进行二次扩散
分享规模	如果群的规模比较大，可以使用YY语音分享平台，但是无法实现多群同步分享	QQ 2000人的群可进行多群同步分享，但同步分享不宜超过四个群，以免出现群成员响应不及时的情况

因此，如果群的规模较大，或者是要做多群线上分享，适宜采取图文分享的模式，这样更便于对分享内容进行整理，形成二次传播；对于规模较小的群，可以采取语音分享的模式，戴着耳机选一个完整的时间段将语音听完，无需时刻盯着屏幕看。当然，也可以将语音和图文结合起来，在不同的环节选择合适的分享方式，这样也会让分享变得更加丰富、灵活。

4.5.3 线上分享的流程

不管采取何种模式进行线上分享，都需要耗费一定的人力、精力进行筹备。所以，一次成功的线上分享并不容易。具体来说，需要做好以下几个环节的工作。

1. 提前准备

如果是领域"达人"分享模式，要提前邀约嘉宾，并请嘉宾就话题准备素材。嘉宾准备的素材要对成员有价值，不能是借着分享做广告。

如果是话题讨论分享模式，需要准备话题，并且对话题的讨论范围、讨论活跃度进行预评估。可以向成员征集话题，然后由大家投票选择最终讨论的话题。

对于话题的选择，需要注意以下几点。

① 话题不能太大、太沉重，要简单，能够让所有成员随时都能参与进来。

② 话题要能让成员表现自己，可以考虑多让成员分享一些自己成功的经验。

③ 话题可以是社群成员共同经历过的事，这样更能调动大家发言的积极性。

④ 可以是结合当前热点的话题。

⑤ 为不同的话题选择最好的分享时段。有的好话题，如果选择的分享时间不对，也不容易引起广泛讨论。比如，一个英语学习交流社群，在寒暑假时讨论整理笔记的重要性就不太合适；如果是在临近考试时讨论这个话题，大家的积极性会更高。

2．反复通知

如果确定了分享时间，就应该提前3～7天在群里多发布几次消息，提醒群成员按时参加，否则会有很多人因为工作缘故而错过活动通知。如果是话题讨论，也得提前发布几遍话题，让大家有足够的时间思考。图4-14所示为"吴晓波频道"一次直播分享的预告。

图4-14　"吴晓波频道"直播分享预告

每天宣传的主题尽量不要相同，比如一次分享有三个点要进行宣传，不要第一天就全都说完，可以一天传播一个分享的重点。这样既能减轻成员的审美疲劳，也达到了突出所有重点的效果。

对于一些重要的分享，除了在群内反复通知，还可以把群聊名称改为分享的时间、内容，如"今晚20点，××分享"，之后通过发红包、活跃社群等方式确保信息传达到位。个别事项还需专门单推到个人，防止可能出现的各种成员漏掉信息的情况。

3．强调规则

为了维持良好的发言秩序，要在分享开始之前向成员强调分享活动的规则。如果是在QQ群进行分享，在向成员说明规则时可以让成员临时禁言，以免规则提示被刷掉。如果是微信群，就要反复提醒；对于发表不合适言论、扰乱分享秩序的人，要及时清除出群。

在分享过程中如果有人随便提出自己的问题，或者发布一些和分享主题无关的内容，此时就需要主持人对其进行提醒，引导他遵守分享规则。

4. 提前暖场

提前暖场非常重要。一是让嘉宾感受到你的专业；二是向社群成员介绍清楚情况，也让大家做好准备。可以发起一些轻松的话题，或者发一些小额红包，吸引大家的注意力，活跃交流的氛围。

5. 嘉宾介绍

如果是嘉宾分享模式，在分享者正式出场前要先对嘉宾进行介绍，比如嘉宾的资历、擅长的领域等。这样既能让成员对嘉宾有个初步了解，又能让大家快速进入正式倾听的状态。

6. 引导互动

无论采取何种分享模式，难免会出现冷场的情况，因此分享者或话题主持人在分享开始前要提前设计好互动点，以引导社群成员积极参与讨论。

有时还需要自己注册一些"马甲小号"，在群里活跃气氛。人们都有从众心理，看到别人不说话，自己也不敢说；如果大家都很活跃，戒备心就很容易放下了。

7. 分享后总结

分享结束后，要引导成员对分享进行总结，鼓励他们到朋友圈、微博中分享自己的心得体会。这样既方便主持人总结分享活动的效果，又有利于形成口碑宣传。

为了形成二次传播，还要注意后期的总结，将本次分享的重点内容整理成文稿分享出去。这样做，一方面可以加深参与者的记忆，另一方面也能产生很好的内容沉淀。当然，如果内容生产压力过大，可以号召社群成员参与分享内容总结。愿意主动分享的社群成员其实很多，可以适时对其提供一些精神奖励。

4.6 线下活动，为成员创造面对面的交流机会

人与人之间建立信任最有效的方法不是线上聊天，而是见面。当社群成员之间已经形成交叉，举办线下活动，让成员进行面对面的交流势在必行。线下活动有助于进一步拉近社群成员之间的关系，提升社群成员之间的亲密度。

4.6.1 线下活动的类型

一般来说，线下活动包括以下几种。

1. 社群成员生日会

社群可以在每个月中抽出一天的时间，为当月过生日的成员举办一个生日会。这样既能为大家创造每个月聚集在一起进行交流的机会，也可以让"当月寿星"感受到社群的人文关怀。

2. 节假日前后的聚会

社群可以在一些重要的节假日，如中秋、元旦、元宵节前后，举办一些小规

模的聚会。尤其是对于北上广一线城市来说，这种节日聚会更能增强社群成员的归属感。因为一线城市的年轻人背井离乡者占多数，节假日不能回家的人有时难免会失落想家。此时将大家聚集到一起，必然会让他们感受到温暖，将社群当作是自己的"家"。

3. 地区的"分舵聚会"

如果社群成员分布的范围较广且分散，可以借助"分舵聚会"的方式，让在同一个区域范围内的成员有线下交流的机会。例如小米的"同城会"，在同一个城市里的"米粉"们经常会发起不同的小型线下活动，图4-15所示为小米大连同城会举办的国际徒步大会。小米品牌会为同城会提供相应的海报、条幅及周边道具，甚至还会邀请"米粉"到"小米之家"进行分享交流，因此这些成员自然成为小米最坚定的拥护者。

图4-15　小米大连同城会举办的国际徒步大会

4. 外围社群成员聚会

举办线下活动聚会，并非仅限于本社群。如果某位社群成员加入了两个或多个不同的社群，又或者是本社群的管理员与其他社群的管理员相熟，那么就可以由他们牵线，联合多个社群举办跨界聚会；尤其是具有互补性的社群，通过跨界聚会有利于丰富社群文化。例如，财经新闻解读群和投资理财群就拥有共同的标签——经济、理财。当这两个社群聚在一起时，既能让社群讨论的话题更丰富，还可以让社群的边界得到拓展，甚至吸引新的社群成员加入。

当然，通常来说这种跨界聚会组织起来比较困难，且成本较高，活动规模越大，组织起来就越复杂，因此社群要根据自身情况合理掌握举办的频率和次数，在举办时严密组织，避免现场出现混乱，给社群成员留下不好的印象，否则会得不偿失。

4.6.2　如何举办一场高质量的线下活动

举办线下活动是让社群保持高效运营的必要手段，但很多社群在组织线下活动时会出现报名者寥寥无几，活动效果甚微的现象。那么，如何才能让线下活动报名爆满，使线下活动充分发挥效用呢？

1. 做好整体规划

每一次活动前都要先做好整体规划，不要为了举办活动而去举办活动。事先想好为什么要举办这次活动，想要通过这次活动达到什么目的；明确目的之后再来明确本次活动应该选定什么主题，活动应该采取什么形式、举办几期，活动的目标受众是谁，邀请哪些嘉宾来配合……这样开展的活动才更具针对性，质量也会更高，才会吸引更多的人参加。

2. 确定活动主题，保证内容品质

互联网时代，内容为王，因此确定活动主题，做好活动内容设计非常关键。常见的线下活动主题如表4-3所示。

表 4-3　常见的线下活动主题

活 动 类 型	具 体 主 题
公益活动	环保、慈善、助学、义工、社区服务等
运动	登山、健身、徒步、舞蹈、跑步、游泳等
兴趣	书法、摄影、音乐、美妆、陶艺、绘画、手工、烘焙等
沙龙讲座	培训、读书会、理财、思维导图、演讲等

无论是免费的线下活动还是收费的线下活动，注重内容、保证品质是关键。只有做到这一点，才能让参与者对活动有所期待。例如，邀请嘉宾或行业"达人"在活动时进行分享就是一种丰富活动内容的好方法，嘉宾或"达人"的有料分享能让参加活动的成员觉得参加活动物有所值，值得自己为活动投入时间和精力。

3. 做好活动宣传

做好活动宣传也很重要，如果没有宣传，再好的活动也没人知道。活动的宣传包括设计活动海报、接受报名，以及在微信、微博、豆瓣等平台发布活动信息，还可以邀请媒体参加活动，为活动增加后续报道。如果活动中有收费的项目，应该向用户说明，并确定收费渠道以及支付方式。

4. 与合作方的配合

线下活动的参与方往往不止一个单位，通常需要多方合作，所以各个参与方能否做好相互配合也是线下活动能否成功举办的要素之一。社群在与合作方

沟通合作时，要做好以下工作。

① 在合作之前，首先要挖掘对方的真实需求，掌握对方真正想要的，才能为后续合作奠定基础。

② 提前写好活动方案，再去对接合作方，节省双方沟通的时间成本。

③ 合作双方在沟通时应尽量采取文档的形式，以消除沟通过程中产生的不确定性。如果仅是口述或者用语音的方式，有时双方会在理解和表达上存在误差甚至误会，一旦将来出现问题，双方有可能产生互相推脱的情况。

④ 如果需要借助合作方的平台进行活动报名，双方应提前沟通报名内容、报名时间和报名人数，务必保持一致。

⑤ 在合作的过程中，非常有必要降低期望值。先把丑话说在前头，合作方就会设置一个合理的期望值。合作结束后，完成得较好的部分将会变成意外的惊喜，成为加分项。如果一开始就说得天花乱坠，让对方树立了一个过高的期望值，当最终结果出来后，即便做得比较好，也会让合作方认为这本来就是期望中的结果；但如果做得没有那么完美，就会让对方感觉很差，甚至会切断了以后再次合作的可能。

5. 做好场地安排

举办线下活动要有场地，而场地费支出在线下活动成本中占比较大，必须精打细算。如何找到适合的场地，需要掌握一定的技巧。

（1）挖掘身边资源

向身边活动经验丰富的人员进行咨询，通过他们的经验和资源帮助自己找到不错的活动场地。

（2）寻找公益组织活动场地

现实生活中，经常可以看到政府或一些企业为公众提供的一些公益组织活动场地。国家也在大力提倡"大众创业，万众创新"，未来将会出现越来越多的公益组织活动场地。因此，在举办线下活动时可以寻找当地政府或企业支持项目场地进行申请，如图书馆、公园等场地。

（3）寻找新开场地

一般一些新开场地为了提高知名度和扩大人流量，会比较配合活动的举办，并给予一定的折扣优惠。

（4）选择平价收费场地

现在青年创业咖啡馆已经成为很多城市的标配，其独具个性的风格，为身处其中的人营造了一种特别的氛围，这些地方就很适合作为一些线下活动的举办地。在这样的场所举办活动，不仅能让参加活动的成员感受到独特的氛围，同时也能为咖啡馆带来一定的消费。因此，在与咖啡馆洽谈时可以申请享受一定的折扣。

在选择活动场地时，需要注意以下事项。

• 活动场地的交通是否便利，场地环境是否与活动主题相符。

- 场地设备是否完善，如座椅、播放设备等。
- 场地是否需要交费，如果需要，费用大致是多少，是否在社群可承受的范围内。
- 确定场地后，拍摄现场照片并分享给成员，为成员提供交通信息。

6. 总结汇总，及时做好复盘

一件事如果没有记录就好像没有发生过一样。人对事情的记忆是短暂的，各种事情占据大脑，就会冲淡人们之前对某件事情的记忆。因此，要及时地对线下活动进行总结，通过复盘更好地了解这次活动中存在什么问题，下次应该如何进行优化，这次活动的效果如何，是否达到了举办活动的目的等。有始有终，总结缺点，保持优点。

7. 用线下内容作为线上传播的引爆点

一次成功的社群线下活动的结束并不是工作的终点，线下活动的影响力、辐射范围有限，所以必须要整合线下活动内容，将其放到互联网平台上制造线上有效传播。这样一方面能够以点带面地引爆扩散，吸引更多人参加线下活动；另一方面也会刺激线下活动的话题在线上的二次传播，吸引更多的人关注社群。

（1）通过对线下活动的描述吸引线上报名

活动处于报名阶段时，在对公众传达活动举办目的、活动性质、活动内容及能给他们带来什么影响等的过程中，需要做到准确又有吸引力，这样才能提高线上的报名率和传播质量。

（2）通过对线下活动的内容呈现吸引线上转发传播

活动处于开展阶段时，好的内容通过全民直播能够迅速引爆线上传播。在这个过程中，我们可以用一些非官方形式进行引导，做好示范，让大家知道如何去传播活动、传播哪些内容，从源头上对用户传播的信息做出筛选和导向，例如引导用户在朋友圈中转发活动内容。

（3）通过对线下活动的总结建立线上的口碑和影响力

线下活动结束后，对活动进行真实的还原，输出有质量的活动总结，能够引发线上二次传播，也能引发用户对下一次活动产生新的期待和关注。俗话说"人无完人"，分享在线上的活动总结内容，要客观而真诚，不要过度吹嘘成功，因为真诚更能吸引用户，让社群显得更具人格化，也更能让人接受。

4.6.3 如何举办一场线下沙龙

沙龙形式的线下活动是各个社群比较普遍的一种线下活动方式。作为社群的组织者，如何举办一次高质量的线下沙龙呢？

1. 设置参与门槛

线下沙龙最好采用收费的形式，哪怕只收取20元——一杯咖啡钱。因为一般来说愿意付费参加一场活动的都是对社群有深厚感情的成员，是真正希望能从沙龙中获得收获的伙伴，这样就在一定程度上控制了参加活动的人数，避免了场地空间有限、参与人数太多顾不过来的情形。

此外，收费会让做内容分享的老师更加负责，激发他们多分享一些有价值的内容。不收费的沙龙，讲课老师很可能会不备课，所讲内容都是随口就来。而收费的沙龙，老师通常会提前把准备在沙龙上分享的提纲脉络先梳理一遍。尤其是一些高收费的沙龙，老师会提前备课，事先收集一些带有普遍性的问题，了解大家的期望等，以便在沙龙分享的过程中把大家想知道的内容以大家喜欢的方式分享给大家。虽然需要支付费用，但在沙龙活动中的收获会让成员觉得物有所值。

2. 为沙龙活动设定明确的主题

不管这个主题是提前设计好的，还是沙龙结束后总结出来的，总之沙龙要有一个主题。没有主题的沙龙，更像是闲聊，成员在回顾整个沙龙的感受时，可能就是一个字——乱。有主题的沙龙，就像是一串珍珠项链里的那根线一样，看起来是一段一段的对话，但有一根看不见的线可以把这些对话串起来。

3. 活动方式要多向、互动

既然是沙龙，就不是演讲、讲课等单向的信息输送，应该是多向的、互动的。不仅是组织者和参加成员之间的互动，更是所有在场成员的彼此互动。组织者或者带队老师更像是为所有参加沙龙的成员提供了一个自由发挥的空间，在这个空间里各个有趣的灵魂互相碰撞。带队老师及时捕捉每个成员的表情、身体语言、感受，通过寥寥数语对他们做出点拨，使其获得成长。

4. 为成员制造小惊喜

如果有可能，可以为参加沙龙的成员们准备一些小惊喜，如小公仔、优惠券、体验券等，这些小礼物就是让小伙伴们兴奋起来的催化剂。

5. 线下沙龙应该被复盘

据说有的人工作一年的收获，就顶得上别人工作三年的，他有什么绝技呢？其实很简单，每日复盘自己的工作。沙龙坚持复盘，既能为本次活动总结经验，又能为下次活动的举办提供参考。

6. 做好三个小细节

这三个小细节不会影响沙龙的正常组织进行，但它们关系到沙龙活动是否给参加者带来足够好的体验，从长远来看也会影响到线下沙龙的吸引力。

（1）准时开始

在举办沙龙时，难免会有某些成员由于堵车、不认识路等各种原因迟到。如果活动正常开始，迟到的伙伴就无法完整体验整个沙龙；如果一直等着迟到的伙伴，准时来的伙伴就觉得耽误了他自己的时间。当遇到这种情况的，组织者应该如何处理呢？

　　组织者可以先征求准时来的伙伴的意见，是等还是开始？少数服从多数。如果选择等待，也不是让大家干坐着等，可以组织大家每个人讲一个笑话或分享一些有趣的故事；如果选择开始，那就准时开始活动，迟到的小伙伴虽然表面上对于沙龙的内容体验不足，但这样严格的时间要求也会降低成员再次迟到的概率。

　　（2）组织者全情投入

　　全情投入的一个表现是大脑不走神，要时刻保持自己的思维在线；另一个表现就是手机静音，避免受到手机信息、电话的影响。

　　（3）保密宣誓

　　在一些心理学、成长类社群的线下沙龙中，大家分享的更多的是关于自己、关于自己的家庭、工作、亲人等涉及隐私的内容，这时保密宣誓就显得格外重要。这既是对分享者隐私的尊重，又体现了沙龙活动的专业与正规。

【课后习题】

　　1. 查看自己加入的社群，分析它们的活跃度，并分析它们采取了何种方式来刺激社群的活跃氛围。

　　2. 假设你是一个读书会的社群负责人，你应该为社群成员创造什么样的内容输出？如何做？

　　3. 假设你邀请嘉宾为社群成员做一场线上分享，请问该如何组织这场分享活动？

5

第 5 章
组建运营团队，打造社群自身"内动力"

【学习目标】
➢ 掌握搭建社群线上运营团队组织架构的方法。
➢ 掌握提升线上团队凝聚力的技巧。
➢ 掌握培养社群运营团队新人的方法。
➢ 掌握为社群吸引人才的技巧。
➢ 掌握组建线下核心团队的技巧。

社群的运营不是只靠一个小编或群主就能完成的，一个高质量的社群需要运营团队的支持，尤其是规模较大的社群，更需要组建一个相互配合、分工明确的团队。管理团队维持着社群的基本运作，并推动社群不断迭代发展。一个优秀的社群管理团队对社群的发展能起到重要的推动作用。

5.1 三个关键点，帮你打造优秀的社群管理团队

一个优秀的社群管理团队，对于社群的发展有着重要的推动作用。管理团队维持着社群的基本运作，并推动社群不断迭代发展。要打造优秀的社群管理团队，需要掌握以下三个关键点。

1. 有共同的价值理念

很多人容易将价值理念和目标混为一谈，其实两者存在很大的差别。价值理念是指那些能够指导思想或行为的基本准则或标准，而目标是指想要达到的境地或标准。例如，组织一次线上分享活动，成功地组织分享活动本身是一个目标，而组织分享活动背后所反映的，是为分享者提供展示自我的平台，目的是帮助社群成员获

得成长，因此帮助成长就是价值理念。

在一个价值理念之下，可以产生多个目标，如举办分享会、开展讨论会、组织互动答疑……目标可以经常发生变化，而价值理念却不会轻易发生变化。

一个优秀的社群管理团队，首先要有共同的价值理念。社群中的成员之前可能相互不认识，也许是因为某项活动或某个任务才聚集到一起，也就是说他们曾经有过相同的目标。但是，有相同的目标并不代表有相同的价值理念，如同样是参加一次线上分享会，有人认为扩大分享者的影响力重要，而有人则认为为听众提供丰富的知识，开阔视野更重要，这样团队内部可能就会产生分歧。

一个团队，只有找到共同的价值理念，才能保持一致的前进方向，否则即便是同样一个任务，基于不一样的价值理念，也会产生完全不同的效果。

2. 明确团队分工

要根据团队成员各自的特点对其进行分工，而分工也并非一成不变，而是根据具体任务、社群发展阶段和环境变化等因素进行灵活、适当的调整。

在管理社群时，有时仅凭借一个人的力量难以完成。在分工方面，可以由一个人牵头某项工作，引领其他人参与其中，这样才能共同维持社群的活跃度。

在执行某项具体活动任务时，分工必须要具体、明确，明确地规定某个人做某件事，以及完成任务和反馈的时间。毕竟在网络环境下，缺少必要的监督，大多数成员也是出于志愿服务的初衷才会承担组织者的角色，如果没有明确每个人的具体分工，很容易出现互相推诿和拖延的情况。

3. 营造持续成长氛围

通常情况下，除了少数人是出于职责而参与社群管理之外，大多数社群成员都是自发或自愿参与其中的。大多数人参与社群活动的主要目的是汲取知识、学习技能、相互督促和影响。而社群组织者具有更加强烈的成长动机，参与社群管理本身也是一种自我锻炼和学习成长的方式。因此，团队成员之间除了管理上的工作分工外，应该努力营造社群中互助成长的氛围。在具有自愿服务性质的管理团队中，成员之间更倾向于发挥各自的专业、学识和技能专长。

团队成员之间的日常沟通和交流同样也是知识运用和学习的过程，如在沟通中融入议事规则、潜移默化地使用共情技术、采用教练式的探索方式等。通过不同专业、不同视角的探索和磨合，往往能够形成社群管理团队的特色。一个优秀的团队，既能管理好社群，同样也能为管理者创造学习进步的机会。

这就像飞行中的大雁，谁也没有规定领头雁是哪一只，前面的领头雁如果累了，后面的大雁立即递补，如此往复。社群对成员的约束力相对较小，能够支撑管理者持续付出的动力，主要来自自我成长的动机，因此营造学习成长的氛围对于社群管理者来说十分重要。

5.2 搭建线上运营团队组织架构

一个大规模社群的健康运营离不开严谨的组织架构的支持，换句话说，社群团队组织架构对社群的正常运转起着决定性的作用。那么社群线上运营团队的组织架构应该如何搭建？搭建运营团队组织架构需要遵循以下原则。

1. 结构精简，职责明确

社群运营团队的组织架构应该做到分层精简、职责明确。如果层级太多，容易导致信息传达不流畅，执行效率低。

2. 根据社群发展动态即时调整

社群运营团队的组织架构应该与社群所处的发展阶段相符，根据社群的发展动态及时进行调整。

社群运营初期，规模较小，运营团队的组织架构可以简单一些，具备基本的运营功能即可。在这个阶段，社群的灵魂人物也可以直接参与每个群组里的活动。

随着社群的发展，其规模不断扩大，此时有必要将管理群和普通群区分开来。一些方案或活动先在管理群中进行交流、沟通，确定能实行后再到普通群中进行扩散。

如果社群的规模进一步扩大，为了让社群的运营管理更加规范化，可以建立管理群、核心群、普通群的结构层级。管理群由群内积极活跃的管理员组成，负责协商讨论影响社群运营的重大问题，达成一致意见后将观点放到核心群中，由核心群的成员进行讨论。核心群由对社群高度忠诚且表现积极的粉丝构成，他们不参与社群的管理工作。管理群提出的各种运营建议或决策可以先在核心群进行小范围的尝试，如果反馈不存在问题，即可在普通群中进行大范围的扩散，这样也有利于降低决策失误的概率。例如，百度贴吧中的"地下城与勇士吧"，作为一个拥有百万会员的超级大吧，建立了系统的运营组织架构，如图5-1所示。

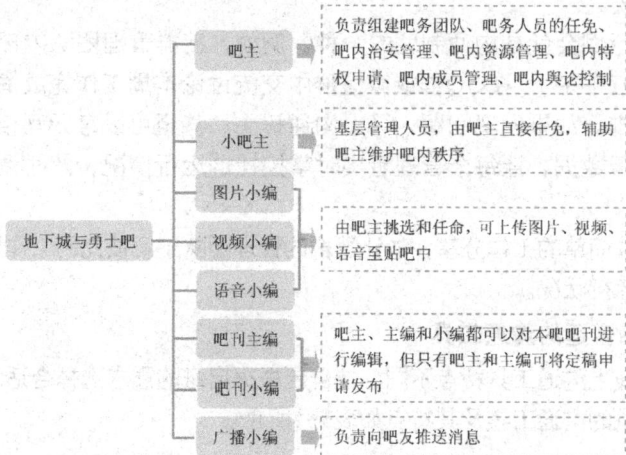

图5-1 百度贴吧"地下城与勇士吧"组织架构

5.3 加强线上团队有效沟通，提升团队凝聚力

在线下日常工作环境中，每个人的岗位职责都很明确，且有固定的工作流程，互相协调、交流起来也非常方便。而对于线上社群管理团队来说，社群的规模越大，需要组织的事项就越多，且由于人员比较分散，团队沟通起来经常会出现不太顺畅的情况。例如，事情对接的人太多，不知道究竟应该找谁协调；又如开会时很难集体在线，一件事情需要经过反复多轮沟通才能最终确定结果；再如约定各自的工作内容后，对方却因为太忙而忘记执行。

所有这些沟通不顺都会直接导致团队工作效率低下，甚至出现纰漏，进而对团队凝聚力造成消极影响，随后团队工作效率就会更加低下，形成恶性循环，最终导致团队成员对社群丧失信心，离职远走。

为了保证团队协调、沟通的有效性，提升沟通效率，社群的运营团队应建立标准化的管理制度和沟通流程。

1. 制定工作手册

与线下公司团队管理一样，社群的运营团队也要制定团队工作手册，制定标准的工作流程，让新加入团队的成员更加快速、方便地了解工作内容和方法，降低因不熟悉社群工作方法需要适应期而产生的时间成本和沟通成本。

2. 约定管理团队沟通制度

不同的社群适用的管理方法也不同，这需要社群在运营过程中不断地探索和实践。不管是何种社群，社群核心成员保持有规律的沟通都是非常必要的。如果缺乏有效的沟通，社群成员就无法形成归属感，对社群的黏性就会降低。为了加强社群成员之间的沟通，增强成员对社群的归属感，有必要在管理团队中建立固定的沟通制度。

约定举行例会就是沟通制度的一种。例如，社群管理团队内部约定一个时间（如每周五下午），在QQ群或微信群中交流讨论本周工作完成情况，并做好下周工作安排。如果发现问题，马上沟通解决。甚至可以每天互相交流社群当天一天的运行数据，让每个管理者实时掌控社群运行情况，及时调整和改进工作方向。

通过这种简单的工作分享，能让社群的管理团队了解彼此的工作进度与安排，掌握社群的运行状况。

3. 选择合适的沟通工具

不同的线上沟通工具特点不同，社群要根据自身的需求选择合适的沟通工具。团队工作常见的沟通工具及其特点如表5-1所示。

表 5-1　团队工作常用沟通工具对比

对 比 项 目	QQ	微　信	YY	钉　钉
使用率	高	高	较低	较低
是否即时	是	是	是	是
优势	①操作简单、快捷；②可进行多人视频；③可保存群文件	操作简单、快捷	①可进行多人视频；②可以设置进入房间密码	①支持视频会议；②可短信通知；③可查看已发消息的阅读状态
劣势	无法对团队任务的完成情况进行跟踪	①不支持上传群文件；②无法对团队任务完成情况进行跟踪	①使用率较低，可能需要培训使用方法；②无法对团队任务完成情况进行跟踪	①使用率低，大部分人没有接触过，需要培训使用方法；②管理者推送的信息可能会对用户造成骚扰

4．沟通中注意说话技巧

在沟通过程中，成员之间难免会出现辩论的情况。团队沟通是为了更好地完成工作，而不是获得辩论的胜利，因此沟通应该做到对事不对人，不能将讨论上升到故意找茬，甚至对某人进行人身攻击。问题得到解决后就要"翻篇"，无须再纠缠不休，应该将注意力放在团队整体成员关注的事情上。

此外，沟通时要注意语言，不要因为是网络沟通就过于随意。因为有的人对网络调侃式的语言比较敏感，他们不认为一些网络语言是无伤大雅的玩笑，一些你认为是正常的措辞，在他们看来可能就是有伤风化。因此，在网络交流中要注意说话技巧，要懂得照顾到交谈双方的情绪和感受。

5．制定管理团队成员的共享日程表

覆盖范围广、成员分散是线上社群运营面临的一个最大问题，也为社群运营工作的安排增加了困难。由于各个单位工作内容不同，负责人的空闲时间也不同，一旦遇到需要集中协商的问题，沟通起来就非常麻烦，无形中降低了工作效率。

有些社群的管理团队成员是以兼职的形式或出于自愿参与社群的管理，他们白天有自己的工作，无法时刻关注社群的信息，这也为管理团队成员之间的沟通制造了障碍。因此，为了协调分散在天南海北的成员的时间，可以在管理团队内通过协商制定一份共享日程表，找到每天大多数人空闲的固定时间（如每天晚上9:00—10:00）。这样既能保证尽可能多的人参与到交流、沟通中，缓解线上沟通不同步的问题，又能提高沟通效率，节约成员的交流时间。

6．做好资料整理与保存

管理团队成员之间不断进行沟通会产生很多资料和文件，为了减少以后查找资

料的麻烦，应该做好各种资料的整理、归档和保存工作，尤其是重要的沟通内容。这样既利于及时回顾和总结，又能保证对沟通内容实施情况进行追踪，避免因社群成员工作繁忙无法持续跟进而造成纰漏。

例如，可以将资料分为管理团队成员资料、社群成员资料、线上活动资料、线下活动资料、嘉宾资料、活动总结资料、内部素材资料等不同类型。资料整理后可以将其放在QQ群文件夹中或具有存储功能的网络云工具中，方便社群成员查阅和下载。

5.4 培养新人，为运营团队输入新鲜血液

任何团队都难免会遇到人才流失的情况，社群运营团队也不例外。因此，为了避免由于管理人才流失出现社群人才梯队断层现象，社群运营团队应积极挖掘新人，培养新人，多给新人机会，让他们能够快速上手管理工作。只有愿意培养新人的社群才是一个健康的社群。

1. 选择新人的标准

培养新人投入的成本应该与新人潜在的成长价值成正比，只有那些有培养价值的人才值得我们花费时间和精力。那么，什么样的新人才是值得培养的呢？

（1）积极主动者

在社群中表现积极的成员，往往具备较强的执行力，能够积极主动地完成管理者下达的任务。他们拥有强烈的上进心和学习欲望，乐于分享，积极参与社群中的讨论和活动。因此，这些积极、主动的人的培养成本更低，他们也更容易成长为社群的中坚力量。

（2）才华出众者

通常来说，进行网络运营需要有三种才能。一是打造网络爆款内容的能力，这些内容包括文字、图片、视频等；二是带动气氛，带来快乐的能力；三是网络活动或项目协调、沟通、组织、运营的能力。

一个优质的社群应该同时具备这三种类型的成员，既有能为社群创造内容的分享者，又有活跃社群氛围，提升社群黏性的活跃者，还有善于管理，能维护社群秩序的运营组织者。当然，如果社群有的人能同时具备以上三种特质，那再好不过了。尤其是有内容创造才能的成员，一旦他们从新人成长为社群的老成员，他们的热情和创造才能可以为社群提供数量可观的原创内容。

（3）团队至上者

对于一个愿意和社群共同成长，一起面对困难、共担责任的人，即使他其他方面的能力有所欠缺，这个人也是值得去培养的。

社群运营团队中的成员都是愿意为社群服务、乐于分享的人，而能做到这些的

普通成员往往也非常受其他成员的喜爱，他们是管理团队连接整个社群成员的桥梁，能够增强社群的凝聚力。

2. 如何培养运营新人

挑选出合适的运营新人后，管理者不能将他们放入运营团队后让其"随意成长"，而要对他们进行系统的、有组织的、有针对性的培养。

（1）明确新人定位，因人而异制定培养方案

首先要对加入社群的新人定位有个清晰的认知。如果成员具有活泼、喜欢娱乐、能带动气氛的特质，那么让他保持这种状态即可。但需要注意的是，任何人都会有情绪低落的时候，要时刻关注成员的情绪状态，及时帮助他摆脱负面情绪。

如果成员时常能为社群创造内容，与其他成员分享，则可以为他安排内容策划方面的任务，让他帮助完成内容创作。经过多次创作，新人就会逐渐找到自己最擅长的方向和开发节奏，甚至可以自己结合社群的运营方向形成稳定的内容产出。

如果发现新人的创作进入瓶颈期，运营团队可以通过发起一些互动交流活动，帮助新人寻找创作灵感。

（2）敢于放权，让新人大胆实践

判定一个人是否有承担社群工作的能力的标准是这个人是否有足够的热情，是否有充足的时间，是否有能力，而非这个人是否有资历。因此，对于运营团队新人的培养，社群运营者要摒弃论资排辈的习惯，要敢于放权，让新人大胆尝试，在实践中总结经验。

新人对工作从陌生到熟悉，必定是不断实践的结果。在以老带新的过程中，如果老成员总是对新人持怀疑态度，任何事情都是亲力亲为，不但会降低团队合作效率，也容易让新人产生依赖心理，这也违背了带动新人成长的初衷。老成员不要将自己的想法强加在新人身上，要敢于放手，让新人大胆尝试他们自己的想法，并为其提供必要的资源支持。为了降低风险，可以让新人先小范围地独立完成某项工作，待积累了一定经验后再让他们尝试更大、更复杂的工作。这样他们就能在不断的尝试中总结经验，最终实现能力的不断提升。

（3）关键时刻运营指导，设置考核制度

由于新人缺乏社群运营工作的经验，他们在初期工作中对全局的掌控力比较薄弱，对在某个阶段应该采取哪些手段才能提高效率，他们无法做出准确的判断。在这个阶段中，社群运营团队需要指派有经验的运营者对新人进行指导。当然，指导者只会在一些关键节点或新人容易忽视的节点进行必要的提醒，而不会过度干预新人的尝试。对新人进行适度的指导，既能帮助新人更快地进步，又能让社群成员之间形成紧密的感情连接，加强社群的凝聚力。

除了为新人提供必要的帮助和指导，与职场一样，也应该在社群运营团队中建立考核机制，让表现优异的人员可以升级。例如，让新人参与不同的管理活动（如邀约写稿、合作开发在线课程、合作写书等），甚至可以逐步晋升到核心管理层。与之相对的是，表现较差的人员则要被淘汰出管理团队。有了考核制度，成员就有了竞争感和危机感，会更加珍惜自己的社群工作。

5.5　有效吸引各类优秀人才加入团队

互联网的发展让各种资源更容易形成连接，包括各种人才，他们能够同时活跃在QQ、微信、微博等不同平台上。而社群也有着这样的魅力，它能够将各行各业的精英都容纳进来。运营者要想让社群获得更快、更好的发展，有效的方法之一就是为社群工作团队吸引更多各类优秀人才。

1. 提升社群自身能量和品牌影响力

社群自身的能量与品牌影响力是吸引优秀人才的最直接、最有效的法宝。人才肯定更愿意加入优秀的团队，质量高、有能量的社群才能通过自身的影响力吸引更多不同特点的人群。当社群处于发展初期，规模和影响力较小时，可以将精力集中在一件事情上，专注、持续地做好这件事，打造好口碑。当社群的影响力不断扩大，持续不断地吸引优秀人才加入后，就会产生多米诺骨牌效应，其他各个方面的优秀人才和资源也会随之而来。

例如，"秋叶PPT"，以PPT为起点，开设精品在线课程，吸引擅长PPT以及对PPT感兴趣的成员加入。成员在不断的交流、学习、互动中不断创新，让课程得到升级，内容不断拓展，涉及PPT、Excel、Word等内容（见图5-2），进而形成品牌和影响力的良性循环。

图5-2　"秋叶PPT"课程

2. 对品牌进行有效的宣传推广

让品牌有节奏地曝光是保持社群存在感的有效方法之一。只有让社群时常出现在人们的视野中，才能让更多的人关注社群，对社群产生兴趣，进而加入到社群中，并产生忠诚度。

曝光社群的方法有很多，如在朋友圈中发布关于社群的轻松、娱乐的段子，或者在其他社交平台分享社群中优质的原创文章、搞笑视频，或者举办"高大上"的线上/线下活动等。

下面将介绍几种有效曝光社群的方法。

（1）话题曝光

一个好的话题往往可以引发大量的点击、阅读和点评。书评影评、热点事件解读、心灵鸡汤等都是能引发讨论的好话题，找准一个切入点进入话题，就能非常容易地引爆传播。图5-3所示为"吴晓波频道"以歌曲为话题推送的文章；图5-4所示为"十点读书会"以电影《芳华》为话题推送的文章，邀请读者和女主角一起读《芳华》。

图5-3 "吴晓波频道"以歌曲
为话题推送的文章

图5-4 "十点读书会"以电影
《芳华》为话题推送的文章

（2）内容曝光

内容曝光是指通过不断优化升级社群的内容和核心产品，让社群得到定期的曝光。不断的优化升级代表着社群一种持续的能力和进步，能够增强成员的黏性，同时吸引更多的成员加入。

例如，"吴晓波频道"通过微信订阅号（见图5-5）、微博、财经类脱口秀视频及音频、线上课程、出版书籍（见图5-6）、书友会等渠道宣传精品理财课程、财经解读音频和视频，而理财课程、财经音频和视频通过会员转发形成二次传播，进而为社群吸引更多的人才。

图5-5 "吴晓波频道"微信订阅号推送的文章

图5-6 "吴晓波频道"独家首发书籍

（3）团队曝光

外界人员无法看到社群内部管理团队的运作，因此可以通过设置带有亲切感的运营团队招聘信息详细介绍运营团队工作内容，吸引感兴趣的人才加入。图5-7所示为"十点读书会"的招聘信息。也可以曝光一些团队运营的闪光点，如团队优秀运营者、团队丰厚的福利、团队的精神面貌等，以团队文化吸引人才。

图5-8所示为"秋叶PPT"的秋叶在微信公众号中推送的一篇关于"秋叶PPT"运营团队成长的文章，既让用户了解了"秋叶PPT"的成长历程，又让用户感知到"秋叶PPT"运营团队的运作风貌。

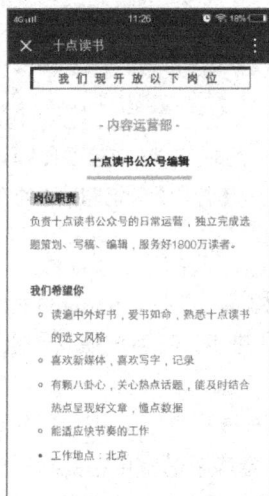

图5-7 "十点读书会"运营团队招聘信息

图5-8 秋叶推送的文章

5.6 留住团队核心成员，避免成员流失

核心成员通常都是社群的管理者和运营者，他们熟知社群运作的制度和流程，积极参与社群日常运作，对社群有着非常强烈的归属感，对社群的发展有着突出的贡献，因此留住他们是保障社群良性发展的重要条件。

1. 造成成员流失的原因

任何团队或组织都不可避免地会出现人员出走流失的情况，社群当然也不例外，核心团队成员的离开会贯穿社群发展的各个时期。要想有效避免成员流失，首先要弄明白他们为什么要离开。

核心团队成员流失最常见的原因有以下几种。

（1）工作强度高

一个事物从0到1的初创阶段往往是最艰难的，社群亦如此。在成立初期，社群尚未形成规模，各个环节的运行机制尚待完善，会产生大量的工作。而当社群形成一定的规模后，其运行机构会逐渐变得庞大，各个环节之间的沟通也会变得更加复杂，运营者的工作量自然不会小。因此，如果管理层内部没有合理的缓解机制，高强度的工作压力会对运营成员的日常生活和心理状态造成影响，引发他们的不满。若这种不满不能及时得到合理的疏导，很容易造成人员流失。

（2）不能得到等价的回报

许多社群在刚开始时可能会面临缺乏运营经费甚至是没有运营经费的窘境，因此运营管理多是采取兼职打赏或志愿服务的模式。也许在刚开始时核心团队成员有足够的热情支撑自己为社群付出，但是人的热情难免会有消退时，如果长此以往，会让他们产生付出和收获落差大的心理，难免会产生心理浮动。

回报并不单纯地指物质方面，也包括精神方面。如果社群一开始就没有一个清晰的定位，发展前景也不明确，只是一味地让人埋头苦干，会让成员觉得自己对社群的贡献没有得到重视，自己的付出没有产生价值，无法对社群的发展造成好的影响。一旦一个质量更好的社群出现，他们预期自己可以获得更好的回报，价值能够得到更大的发挥，那么离开现在的社群便是意料之中的事。

（3）社群缺乏凝聚力，团队不和

团队要发展，就必须有团队精神和团队凝聚力。自上而下、目标一致、同心同德、协同作战的精神，就是团队精神。一个没有凝聚力的团队，一个只会争吵、人心不和的团队，只是一盘散沙。工作氛围差，成员之间缺乏沟通、互相埋怨，最终必将耗尽核心团队成员的精力与耐心，逃离是其必然选择。

（4）成员自身成长能力不足

有些人在社群发展初期非常活跃，能承担起社群运营工作中的重大责任，但是随着社群的发展，他们的活跃度可能会逐渐下降，甚至自身无法跟上社群发展的步

伐，无法继续在社群中找到适合自己的位置。

如果他们之前对自己抱有很高的期望，同时社群对他们的期望也很高，那么当他们发现自己的能力长期没有得到提升，成长停滞，心理就会产生巨大的落差。此时他们会对自身能力产生怀疑，认为自己无法胜任其中的工作，也无法再对社群做出贡献，于是他们就会产生逃避心理，加速他们逃离社群的步伐。

（5）前途不明确，对手挖人

社群有一定的生命周期，经历过一段时间的活跃期后，其活力会呈现下降趋势。此时用户的黏性会减弱，平台的发展可能会陷入瓶颈期。若社群长期停滞不前，核心团队成员看不到社群未来发展的前景，会觉得再继续留下去也没有希望，自然会选择出走。

当然，人人都希望往高处走。如果所在社群的力量太过弱小，为了获得更大的发展空间，成员无法拒绝其他更高质量、资源更多的社群的诱惑，就会选择跳槽。

2. 增加社群对核心成员的吸引力

如何建立一套适合互联网工作的组织模式是社群运营面临的最大挑战。如果一个社群有一套完善的运营流程、轻松的内部沟通文化、明确的团队组织分工、合理的运营效果评定标准、良好的商业转化收益，那么运营成员就会拥有身心舒畅的工作环境，以及与付出等价的回报。试问，这样的团队有谁会不愿意坚持留下来？

因此，在社群运营中，要想增加将核心成员留下来的筹码，需要做好以下几个方面的工作。

（1）建立有弹性的组织架构

核心团队中的成员，有的可能是志愿者或者兼职，当他们本职工作较忙时，由于精力有限，可能会选择退出社群运营团队。如果建立弹性组织架构，当某些核心成员在某个时间段比较忙时，就可以先将其调整到组织架构中的休假区，待其忙碌结束后再回到核心团队继续工作。这样就为成员提供了一个可以回旋的余地，而不是一旦忙碌无法兼顾时就只能选择离开。

（2）合理分工，让成员做自己最擅长的事

所有的运营管理都强调"知人善任"，所谓知人善任，就是把正确的人放在正确的位置上，合理分工，让成员做自己最擅长的事。在社群运营中，不必让核心成员都扎堆在一起，集中在一个群组中，这样会让他们接收一些本来无需自己接收的信息，增加他们的负担。

为了避免成员遭受一些对其来说不必要的信息的骚扰，社群可以采取"核心群＋多讨论组"的模式。例如，"秋叶PPT"团队的运营根据成员的兴趣爱好将其安排在合适的岗位上，如有的成员擅长讲授线上课程，于是就让他专注于课程内容，而不参加社群日常运营的工作，这样就减轻了他接收弹窗信息的负担。同时，"秋叶PPT"团队建立了多个讨论组，让同组的成员在讨论组中谈论相关工作。此外，运营团队还会在线下组织聚会活动，将不同讨论组的成员聚集在一起，让他们在线下联系感情。

（3）提供清晰的发展规划，设立合理的回报机制

社群要为核心成员提供清晰的未来发展规划，要让他们觉得，自己留在社群有发展前景——可以在不断的学习中提升自我，如专业知识、管理才能或其他方面的提升。

精神回报带给人的满足感往往要高于物质回报。在社群创建初期，要依靠为成员创造成就感来留住他们，让他们觉得自己在社群的运营中是非常重要的存在，所做的事情具有极高的价值。成员在社群中找到了属于自己的位置，归属感就会增强。

核心成员深度参与了社群的运营，见证了社群的成长。对于他们来说，社群就不再只是一个平台了，而更像是他们的朋友、作品。他们与社群之间早已建立了深厚的感情，轻易不能割舍。

当社群拥有盈利能力之后，就需要建立一套标准清晰的绩效考核制度和奖惩制度，肯定成员的付出，让为社群发展做出贡献的成员获得等价的物质回报，为精神回报提供支撑。

（4）形成并扩大社群品牌影响力

形成自身品牌影响力是社群发展的根本，这种影响力是社群自身的，他人无法带走。而依靠品牌影响力的支撑，社群能为成员提供更多的发展机遇，如果成员选择离开这个具有非凡价值的平台，那也就意味着他将会失去一些发展机会。

扩大社群品牌影响力，不断连接更多有价值的资源以及平台，反而会让想要离开的核心成员慎重考虑自己的决定，这样也为留下核心成员增加了筹码。

（5）及时清理貌合神离的成员

团队管理强调"用人不疑，疑人不用"，既然这个人是团队的核心成员，就要给他足够的尊重和信任。真诚的信任更能调动成员的主观能动性，增强其对社群的归属感和参与感。

但是，对于那些刚开始加入社群时表现积极但其实并不真正认同社群核心价值的人，或者是那些为了获取个人名利而加入社群的人，必须要及时将其清除。因为他们的存在就是对那些志同道合的人的伤害。及时清理貌合神离的人，从源头肃清可能会导致团队不和的因素，让核心成员保持一致的价值观，更有利于提升整个运营团队的含金量。

5.7 组建线下核心团队

社群在线上运营一段时间后，用户的新鲜感逐渐消散，社群的活跃度也随之下降。如果社群没有新鲜运营手段的刺激，成员对社群的黏性就会降低，社群也就慢慢地变成一个死群。要想延长社群的生命，打通线上和线下是必然选择。

通过线下发展，不仅能扩大社群的知名度，提升社群的影响力，还能通过对社群核心理念的实践打造社群品牌，深度拓展用户，增强用户的黏性。社群成员从线上到线下的互动，可以将社群的影响从线上扩散到线下，辐射到更多的人。这样一来，有利于将线下资源转移到线上，扩大线上用户规模，进而形成良性循环。

线下团队运营能力的高低在很大程度上影响着线下活动的质量，因此要格外重视团队中各个成员的能力。

在线下核心团队的组建上，可以采用以下方法。

1. 寻找合适的负责人，搭建线下核心团队

首批线下团队的成员主要以内部招募为主，即先从线上运营团队中挑选合适的成员。在组建团队之前，首先要选定团队负责人。负责人好比掌舵者，其能力会对线下团队建设与运作的成功与否起着决定性的影响。负责人选定之后再发展团队成员，由负责人带头组成初期线下核心团队。

最初寻找线下团队负责人时可以先从线上团队的核心成员中选择。一方面是因为社群对成员的基本情况和能力比较了解，更加容易判断某个成员是否适合负责线下活动；另一方面是因为线上核心团队的成员对社群足够熟悉，且有强烈的归属感和忠诚感，在组织线下活动时必定会全力以赴。

判断某个成员是否适合担任线下活动的负责人，可以从该成员的个人性格、对社群的忠诚度、活跃度、团队协作能力、执行能力等方面来衡量。尤其是开展线下活动初期，特别需要那种具有开拓精神、敢做敢冲的先锋，他们敢于尝试，愿意在不断的实践中摸索前进。

2. 成员增补与考核

团队的基本结构形成后，如果还有职位空缺，可以从报名者中招募一些合适的人员试用，让他们进入线下团队协助帮忙。如果他们在线下活动中表现优秀，可以将其吸收进线下核心团队中。同时，在线下活动陆续开展过程中，要为线下团队成员安排合适的岗位，并对成员在活动中的表现进行考核，最终留下最合适的人才。

3. 总结经验，让团队形成凝聚力

通过多次举办线下活动，成员之间相互协作，逐渐形成团队凝聚力，团队成员收获了互相扶持、获得成功的喜悦感、成就感和归属感。但是，团队中每个人具体负责的工作有所不同，一个人不可能参与到整场活动的方方面面，所以每一场活动结束后，线下团队都应该进行经验总结，并收集参与者对活动的评价，让团队成员

可以从全局上看到自己的付出产生的价值，让他们产生存在感和价值感。

4. 设立项目管理制

当线下团队通过多次组织活动积累一定的经验后，可以设立项目管理制，将每一个活动作为一个独立的项目，让线下团队中的每一个人都有机会做整个活动的主导者，帮助他们提高自身能力。采取项目管理制也有利于深度挖掘人才，为团队储备力量，消除团队中单个成员的不可替代性，避免出现因核心人才流失而导致团队无法运营的困境。

5. 设立轮换制，为团队输入新鲜血液

线下团队在陆续开展多次线下活动后，团队成员对活动的新鲜感和热忱度难免会有所下降。同时，线下活动开展得好，也会不断地吸收更多优秀的人才加入团队，为团队注入有活力的新鲜血液。

此时，可以考虑在基础工作做得比较好的线下城市设立轮换制，通过换届选举让产生疲劳感的成员暂时休息，养精蓄锐，待恢复精力后再回到团队中。同时，也能让更多有能力的人才充分发挥他们的才能，为社群发展做出贡献。

【课后习题】

1. 假设你是一个摄影交流社群的负责人，该社群已经发展到了一定的规模，需要组建一个线上运营团队，请问应该如何组建？

2. 分析管理团队成员流失的原因，并简述应该采取哪些措施增强社群对核心成员的吸引力。

6

第6章
社群文化，创建由心而生的向心力

【学习目标】

➤ 掌握设置社群标签的技巧。

➤ 掌握打造社群正向价值的方法。

➤ 掌握营造社群归属感的方法。

➤ 掌握构建社群亚文化的方法。

一个社群如果有自身的文化，那么意味着该社群内部有更强的聚合能力，对外有进行文化输出的能力，这种社群的价值要远远大于一个单纯的人员聚合型的社群。在社群内部构建独具特色的社群文化是所有的社群运营者梦寐以求的目标。唯有文化才能打造社群由心而生的向心力，唯有文化才能赋予社群独一无二的灵魂。因此，打造社群的文化气质是社群运营中的重要一课。

6.1 社群标签，吸引成员依赖的原动力

"型男""你的甜心""小萝莉""天然呆"……这些个性鲜明、极具互联网时代特征的标签，被可口可乐应用到其全新的营销创意——"昵称瓶"上，获得了很大成功，如图6-1所示。

图6-1 可口可乐的"昵称瓶"

可口可乐的传播深得人心，是因为它在标签上做足了功夫，以标签来调动每一个消费者的存在感与认同感。在做社群时，也应该好好考虑标签的提炼和设定。

标签是对外宣传社群必备的信息，更是社群内部群主和社群成员相互认同，并产生黏性的基础。有一个好标签的社群，往往更容易调动社群成员的存在感和认同感。

6.1.1　提炼社群标签的原则

对于社群来说，提取标签能让用户迅速地识别出社群属性，进而增强用户对社群的归属感和认同感。社群标签的提炼应该遵守以下几个原则。

1. 易辨识

社群标签首先要容易辨识，不要让人产生歧义。作为社群的标签最好使用基础词汇，说出来大家都懂，基本上不会产生理解性差异，如性别、地域、年龄、职业、爱好、成立目的等。

标签描述得越清晰，越容易吸引具有相同标签的个体人群。例如，有些人形容社群标签喜欢使用"高端人群"这个词，这个措辞让人理解起来就容易产生歧义——所谓"高端"的标准很模糊。如果单独以财富拥有量去衡量，百万富翁和千万富翁谁更高端？相比较而言，"企业家"这个基础词汇就相对精准了些。但是，企业家的范畴还是很大，我们可以更加精准些，在认知上做到统一，如"华夏同学会"的标签是中国商业界的领军者。

2. 与众不同

标签的提取要与众不同。如果社群的标签都是重复的或相似的，成员在加入社群时就会有选择性，社群的识别度就会下降，社群不再具有唯一性。例如，同样都是做读书会的社群，"十点读书会"只此一家，识别度极高，很受大众追捧。

有的人为了提取一个好的标签，会绞尽脑汁去创造一个新词，但最终创造出来的词往往不被大众所认可。很多时候我们可以借势，在现有标签的基础上将词语排列组合，赋予其新的含义。陆家嘴，中国最具影响力的金融中心之一，其本身就是一个被大众仰望的标签，因此"陆家嘴读书会"显而易见是为金融界人士打造的学习、社交和职业发展的社群。图6-2所示为"陆家嘴读书会"的微信公众号。

图6-2　"陆家嘴读书会"
微信公众号

3. 简明扼要，切中要害

标签要简明扼要、切中要害。如果标签不能引发"准社群成员"的归属感，就说明这个标签是不成功的，对应的社群也无法活跃起来。好的社群标签能让受众一看就会产生一种自发的想要进一步了解它的意愿，甚至萌生加入社群的冲动。这种标签往往是具有一定的私密性、痛苦性的标签，如"爱心天使会""癌症病友会""流浪动物救助会"等。这种标签带有很强的可执行的任务感，目的性明确。因此，具有一定规模的社群会把成立社群的组织宗旨和使命定义为社群的标签，如"十点读书会"。

6.1.2　确定社群个性化标签

优秀的社群必然能给人留下深刻的印象。这个印象既针对社群背后的品牌，也针对社群内部的成员。对于社群而言，个性化的标签是不可或缺的。也就是说，每个社群都应该体现出自己的与众不同之处，凸显自己的个性。社群的个性化让每一个社群成员感受到"我与其他人不同"，这样社群就有了让人依赖的原动力。

那么，究竟如何体现社群的个性化？可以从以下方面入手。

1. 设计独一无二的产品

社群文化的建设不仅体现在社群内部话题互动、社群活动组织上，还体现在社群产品的生产上。要彰显社群的个性，就要生产独一无二的产品；尤其是消费类实体产品，产品的设计要凸显出"美"。

索尼曾是全球电子产品的霸主，高端的产品工业设计就是其能够领先潮流的一个重要原因。即便非音乐发烧友看到索尼产品，也会产生想要购买的冲动。因此，"富有设计美感"是所有品牌必须具备的。

2. 借助独一无二的活动体现社群的个性

社群活动对社群文化的形成与建设有着至关重要的影响，尤其是充满创造力的活动，更有助于形成社群的个性。例如，小米社区先后发起"橙色跑""同城会""校园俱乐部""小米摄影馆""小米众测"等个性化活动；尤其是一年一度的"小米家宴"，是小米"米粉"独享的活动，更是众多"米粉"向往的崇高荣誉。图6-3所示为"小米家宴"的活动帖。

当然，社群发起的各种个性化活动，必须要符合社群品牌气质和产品功能。例如，一个读书社群如果推出了一个"烹饪大赛"的活动，不仅不会让社群成员有"个性"的感觉，反而会觉得很尴尬："我是来和大家一起分享阅读的，不是来学做菜的。"

3. 引导成员思考

对于知识类、分享类、技能类的社群来说，社群成员的思考能力会对社群个性的形成产生直接影响。例如，果壳网、知乎就善于引导成员针对问题进行讨论，任何人都可以对网友提问做出回答，即便是"大神级"的人物给出的答案，其他网友也可以对其进行反驳。

图6-3　2018年"小米家宴"活动帖

在社群中，每个人都应该是思考者，只会附和别人意见的成员，不可能给社群的成长带来积极的贡献。因此，社群除了向用户推送一些心灵鸡汤、小感悟之外，还应该有引导成员思考的内容，让成员养成自我思考的习惯，这样才能在社群中形成自我学习、自我提高的氛围。

图6-4所示为"秋叶PPT"在微信公众号中推送的"群殴PPT"活动制作元旦贺卡的文章，其充分调动了成员发挥自我能力的积极性，让成员形成自我思考的习惯。

图6-4　"秋叶PPT"在微信公众号中推送的"群殴PPT"活动制作元旦贺卡的文章

当社群中的成员逐渐养成了自我思考的能力，不仅成员自身的能力得到了提高，也会彰显整个社群的文化气质，成员在与其他人交流沟通时会自然而然地散发出令人钦佩的魅力。

4. 品牌自身要有个性

中庸的产品很难形成具有个性的社群，因此个性化社群的形成，不仅需要社群成员的共同努力，更需要品牌自身具有"个性"。即使我们的产品面向的是大众，属于快消类，但只要用心，同样可以找到独树一帜的个性。

张天一的"伏牛堂"，提供的就是最常见的米粉，但又不是普通的米粉，而是最正宗的、有温度的湖南牛肉米粉。除了产品独特的内涵以外，和消费者打交道的能力也是"伏牛堂"所注重的。

社群运营目的就是让一部分消费者与品牌加强关联。价值理念输出是"伏牛堂"与消费者打交道很重要的一块。在社群建设中，"伏牛堂"主要做了以下工作。

- 2015年8月，用一周时间，没花一分钱，举办了"微信50万人"发布会。
- 利用微信公众号，发布了几十篇文章，近30万文字，如图6-5所示。
- 创始人张天一坚持亲自写文章，将"伏牛堂"公众号打造成了一个自媒体属性平台。
- 为了拓展社群，"伏牛堂"开展了校园社群计划，走进高校，和有兴趣创业的青年学生们一起"牛肉粉创业"。
- 自有社群"霸蛮社"成为"吸粉"利器。

图6-5 "伏牛堂"微信公众号发布的文章

不同的社群应当具备不同的个性，并辐射到全体社群成员，就像小米的"米粉""为发烧而生"，锤子手机的粉丝看重"情怀"。

6.1.3　多样化标签的拓展

当听到郭德纲相声里的"不想当厨子的裁缝不是好司机"时，很多人的第一感觉就是：这句话的逻辑太混乱了，让人摸不着头脑。其实仔细分析这句话，它在有意无意中点明了标签系统的要点：裁缝是主标签，开车是必备的技能，烹饪是兴趣爱好。一个主标签附带两个副标签，形成了最基础的标签系统；副标签解决的是主标签往往过于沉重而使群体丧失乐趣和延展度的问题。

个性是社群的主标签，对社群形象的塑造和社群文化的形成有着直接影响，能让感兴趣的人一眼就找到组织。但任何一种文化都需要不断进步，社群标签也是如此。许多社群发展到一定程度，丧失活跃度的重要原因就是主标签被过度使用，就如同山珍海味天天吃也会让人感到厌烦一样。因此，在个性化的基础上进一步实现多样化的追求，这样社群文化才能更饱满、更立体。

"为发烧而生"是小米手机最初的品牌定位，而随着品牌粉丝的不断增加，逐渐形成有组织的社群，单纯的"发烧"理念已经不能满足成员的追求，因此小米呈现出了"智能+"、生活品质等更多元的品牌定位，并越来越成为重点，同时产品也越来越多元化。多样化的标签共同构成了小米的品牌形象，使其社群建设始终处于领先地位。图6-6所示为小米社区的不同板块。

图6-6　小米社区的板块内容

正是由于经历了从"个性化确定"到"多样化拓展"的发展之路，小米才能始终与潮流保持一致。但是，社群的多样化标签并非随便添加上去的，而是有一定原则的。

1. 选择合适的时机添加

多样化发展需要找到一个最准确的时间切入点,这个最佳切入点就是社群已经形成非常完整的个性,当用户一看到关键词马上就可以联想到社群的那一刻。正如小米,当"为发烧而生"这一理念已经成为其独一无二、不可替代的标签,且无法再对品牌进行深一步挖掘时,就必须及时进行多样化的运作;反之,如果社群处于起步时期,尚未形成个性化的文化气质,则不宜尝试多元化,以免造成成员的流失。

其实有一个明显的迹象,可以帮助我们判断社群是否到了可以进行多样化运作的时机——社群的活跃度出现急速下降的现象,品牌的销量进入瓶颈期。这就意味着社群过去的个性化已经发展到了顶峰,很难再从深层次上打动社群成员,此时需要通过创造新的文化来推动社群继续向前走。

2. 围绕基础文化发散新标签

无论如何发展多样化的社群文化,都必须以社群的原有文化为基础,在社群个性化的基础上进行延伸和深度挖掘。如果为了彰显多样化而过于追求"跳跃感",会让社群成员感到无所适从,使社群陷入文化杂乱或缺失的局面。

如果新的标签与传统标签跨度太大,品牌内涵就无法得到延伸。社群也是一样,如果个性化和多样化无法形成有效的互动体,必然会导致社群文化产生强烈的动荡。因此,开发社群多样化标签时,一定要在社群原文化的基础上去挖掘和探索,进而逐步形成社群的文化交叉网。

"吴晓波频道"是有名的财经类社群,最初主要是以独特的视角细数企业家们走过的路、讲述财经热点新闻背后的故事、梳理与商业相关的资讯,后来内容不断扩展,呈现出多样化发展态势,内容涉及投资理财、职场、企业用人、自我管理等各个方面,如图6-7所示。

图6-7 "吴晓波频道"的多样化发展

6.2　正向性＋正能量＝打造社群正向价值

所谓"正向价值"，是指对社群的发展起到积极推动作用的一系列观念、精神、风气、行为、习惯和文化等。

社群是人与人聚合的产物，有人存在的地方就会有摩擦。健康的社群必然有一套完整的道德体系与法律体系，以及积极向上的价值观，这样即使出现摩擦也能完美地解决。只有充满正向性和正能量的氛围，才能有效化解成员之间的摩擦，有利于社群的可持续发展。

6.2.1　为社群营造正向价值氛围

任何人都不希望自己处于一个充斥着抱怨、沮丧、摩擦的环境，因为那只会让人感到压抑和痛苦，以至于最后逃离这个环境。

任何一个具有号召力的社群无不是充满"正向价值"的社群。譬如"罗辑思维"，其成员都喜欢独立思考，当新成员加入时就会受到这种氛围的影响；即使是新入群还没有加入讨论，也愿意独立思考。充满正向价值的社群文化才能激励成员始终保持积极饱满的精神状态。

那么，应该如何营造正向价值氛围，让社群散发出鼓舞人心的魅力呢？

1．展示榜样，公开赞美

榜样的力量是无穷的，社群正向性氛围的创建同样离不开榜样的力量。只要有成员为社群的发展做出了贡献，就可以通过论坛发帖、微博、朋友圈等渠道公布该成员的表现并大加赞美，让其他成员看到有人通过自己的努力实现了价值，这样的成员是整个社群的骄傲。

如小米社区，针对校园"米粉"发起了"校园手工PK活动"，吸引了众多校园"米粉"积极参与。运营团队通过论坛发帖细心地展示了所有参赛作品，并且对一些优秀的作品单独发帖进行了展示，以表达对"米粉"的感谢，如图6-8所示。由此让更多的"米粉"感受到校园"米粉"玩转小米黑科技、勇于创新发烧科技的信念，让更多的人体会到小米用科技改变生活的预言已经应验。

为了鼓励社群成员培养自身的正向价值，对于具有突出贡献的社群成员可以进行适当的物质、精神层面的奖励，如线上培训、线下主题活动时让这位成员作为特别嘉宾，和大家分享其经验，或者是直接给予该成员现金奖励等。

2．举办定期分享会

社群正向价值的氛围并非一朝一夕就能形成的，它需要不断地积累与拓展。让正向价值形成体系，不断传播，才是提升社群氛围的关键。

图6-8 小米社区"米粉""校园手工PK活动"作品展示帖

社群运营方可以通过组织每周一次、每月一次的分享会，邀请社群内的成员作为当期分享会的嘉宾，让他们分享自己的经验或心得体会。当每个成员都有机会成为分享嘉宾、都能传播自身的正能量时，无形中整个社群就会形成正向价值。

对于运营结构有待完善、短期内无法举办分享会的社群，可以通过访谈对话录、录制视频、发布主题帖、编辑文字进行发布的方式来鼓励大家分享经验，同样可以取得非常好的效果。

3. 不同群组之间分享

对于规模较大、拥有多个群组的社群品牌来说，不同群组之间的跨群分享对整个社群体系正向价值的形成是非常有利的。尤其对于知识类、技能类社群来说，效果更为显著。

例如，A群里的某位成员提出了一份精彩的活动策划方案，这时社群管理员可以将其在B群、C群等其他群组里进行分享，并引导社群成员针对活动策划方案进行讨论，同时在各个群组里发布成员们的讨论截图。这种不断的跨群分享，会引发B群、C群成员的思考与讨论："A群的这种设想，为什么我们没有想到？"如此一来，各个群组之间便会形成良性竞争、互相学习的氛围，整个社群成员的能力都会得到提高。

6.2.2 真正有效的社群价值观：认同感和可执行性

有些社群看似有了口号、文化概念，但一直都只是一个概念，看起来很美，却被社群成员束之高阁，从未落实。下面来看个实例。

上海某高校学生决定建立一个线上文学交流社群。很快，创始人就组织建立了社群的基本管理层，管理人员在本校以及其他高校发帖，招募社群成员，并迅速吸引了近百名成员。这些热爱文学的大学生，希望能在这个社群结识更多志同道合的朋友，并能让自我得到展示。然而，社群管理员的一句口号却让他们无法招架："创作精品，诞生下一个茅盾文学奖成员！"这样的追求虽然很美好，但对于大学生来说有点儿不现实，太过缥缈、虚幻。

但是该社群创立者认为，只有追求高、要求高，才能打造精品社群。于是，社群管理者策划了一系列无比"炫酷"的活动：拟计划邀请郭敬明、韩寒等人气作家到社群进行访谈，硬性要求成员每个星期都要创作一篇文章向《萌芽》杂志供稿……结果这一系列活动基本没有成功实现的，越来越多的成员对社群心生不满，觉得这些活动根本就不具操作性，简直是痴人说梦。因此，成员们纷纷选择退群。不到两个月，原本活跃的社群就沉寂了下来。

追求更高的目标没有错，但如果这个目标超出了社群成员的承受能力，就说明它不符合实际，即使再美也是虚幻的。真正有效的价值观，需要满足两个条件：一是让人有认同感，即能够得到所有社群成员的一致认同；二是具备可执行性，能够在社群中进行传播，并能让成员通过话题、活动等予以执行。

那么，如何才能使社群的价值观让人有超强的认同感并有可执行性呢？我们可以从小米社群的运营中找到一些经验。

1. 人人参与

"米粉"可以在论坛对产品设计提出一些要求，供工程师参考。工程师根据用户需求，对"米粉"提出的要求予以采纳。

2. 人人改进

每一版MIUI更新或推出新手机时，小米都会先推出工程机，让"米粉"们测评。一旦发现问题，可以及时反馈并进行调整，让正式版尽可能地以完美的姿态呈现在用户的面前。

以上两点充分体现了小米"开放、信任"的价值观，得到用户很大的认同。对于"米粉"而言，小米不再单纯地只是一部手机，而是体现了自己的思考和建议的产品，因此"米粉"自然会对品牌产生强烈的归属感。

在可执行层面，小米也有很多尝试。

（1）一年一度的"米粉家宴"，邀请"米粉"欢聚一堂，每个人都可以畅所欲言，成为当天的焦点。

（2）定期召开线下见面会、公益活动等；游戏、才艺展示、聚餐、工程师神秘登场……

小米"年轻、时尚"的态度借助一系列丰富多彩的活动得以淋漓尽致地展现。

正是因为"米粉"们对社群价值观的强认同感和可执行性，让小米的社群运营健康持续。

从小米社群运营的模式中可以看出，要想形成合理的社群价值观，就必须站在社群成员的角度；社群价值观必须符合社群成员的需求，一旦发现价值观与成员的需求不符，就应当及时调整。

6.3　提升社群归属感，为成员营造"家"的认同

归属感会让成员对社群产生一种"家"的认同，更加认可、依赖社群文化，同时就会在社群与成员之间形成一条纽带。

6.3.1　营造并强化社群氛围

社群的归属感体现在每一个成员身上。虽然有些社群运营得风生水起，每天都有很高的话题讨论度，然而仔细观察却不难发现，社群中较为活跃、积极发言的总是那几个人，绝大多数成员通常都是"潜水"，不常参加讨论，甚至有的人从来都没有发过言。长此以往，社群就会变得越来越狭窄和封闭，逐渐成为少数人的"小圈子"，难以产生新鲜的活力。一旦这些活跃的人逐渐沉寂，或是出走成立新的社群，那么整个社群就会陷入沉寂之中甚至消亡。

健康的社群应当形成一种良性循环的模式：社群老成员不断制造话题，新成员主动加入话题互动；新成员的互动不断给老成员带来新鲜活力，提升话题的丰富度；新成员不断成长，逐渐成为社群的积极分子，开始影响社群最新一代的成员……要想达到这一目的，就必须注意社群氛围的营造和强化。

例如，小米通过开展尽可能多的社群活动来营造社群氛围，如邀请"米粉"参与产品调研、产品开发、测试、传播和营销等多种活动（见图6-9），让"米粉"与品牌相结合，从而大大提升了"米粉"的荣誉感和成就感。与此同时，小米还在微博与微信平台不断展示社群内的氛围（见图6-10），扩大品牌的知名度，吸引更多的用户主动加入论坛，为社群持续输入新鲜血液。最终，小米形成了以论坛为中心、多平台引流互动的模式，社群氛围始终处于高热度的状态。

图6-9　小米产品测评活动

图6-10　小米公司官方微博发布的招募粉丝活动

因此，社群活动的丰富化是营造社群氛围的关键。社群的活动不应该固守某一种固定模式，而应该尽可能地满足每一位成员的需求。例如，有人喜欢摄影，不妨不定期地举办创意主题摄影大赛；有人喜欢写段子，不妨在微博发起一个"谁是段子手"的活动；有人喜欢深度话题讨论，可以创办社群杂志，让深度思想淋漓尽致地展现……

尽可能地丰富社群活动，形成"每日话题+固定活动+临时活动"的生态模式，让社群成员能够轻松地找到自己想要参与的环节，那么社群的氛围自然能保持热烈高涨状态，打动每个成员的心，进而增强成员对社群的黏性。

6.3.2　增强社群成员的身份认同感

社群成员对自己身份的认同是社群归属感的另一个重要组成部分。所谓身份认同，并不是简单的个人认同，而是强调"集体认同"，强调人的社会属性。

一位"罗辑思维"的成员在和网友交流时这样说："成为'罗辑思维'众多粉丝中的一员，让我觉得很自豪。在这里，我学会了独立思考，我能够与志同道合的人深入地探讨问题。放在过去，我完全不敢想象我可以做到这些事。所以现在当我向别人介绍自己时，除了常规的工作、职务外，最后我一定会再加上一句：我是'罗辑思维'的粉丝！"

由此可以看出，这位粉丝对"罗辑思维"已经不仅是单纯的喜爱，而是让"罗辑思维"成为自身的一个标签，这就是所谓的社群成员的身份认同感。身份的认同让成员与社群的关联更加紧密，社群成员的归属感自然更加强烈。

那么，如何才能创造出独特的社群氛围，让社群成员形成身份认同感呢？

1. 通过活动让成员形成体系思维

社群必须要有固定的形式来聚合成员，否则必然是松散的、认同感较低的。如

"罗辑思维"每天固定推送60秒语音，每周都会定时上线视频节目，就是为了让社群成员养成思考的习惯，激励成员每天进行互动、交流与协作。

因此，无论是什么类型的社群，都应该设定固定的活动，如线上分享会、直播会、线下见面会等，并尽可能地完善活动组织模式，采取策划轮换制、主持轮换制等形式，让每个成员都能参与到活动的组织策划当中，增强成员的参与感。

长此以往，社群成员就会形成"我在社群中是一个××样的存在"的思维，并愿意继续在社群中保持活跃，为社群的发展做贡献。这种对社群身份的认同感是成员留在社群的重要理由。而一旦社群的模式变得松散，成员从中无法体会到存在感，那么他们在社群中的身份认同感就会逐渐消退。

2. 精神领袖做出引导

无论是吴晓波还是罗振宇，独立思考是这些社群精神领袖身上都拥有的一个非常明显的共同特质。精神领袖个人特质的塑造，自然会对每个社群成员产生影响，社群成员会主动学习他们的思维方式和交流方式，以让自己尽可能进入理想的状态。

通常来说，社群精神领袖具备怎样的身份认同，社群成员也会创建同样的身份认同，两者只是在平台、影响力上的表现有所区别。因此，社群精神领袖必须要重视自身在社群中的言行举止，不能毫无理由地长期"潜水"一言不发或远离社群，而应当借助自身的影响力，给予社群成员身份认同感。

总而言之，当社群成员获得了身份标签，在与他人的交往中他会觉得自己有了与众不同、可以说道的资本；而当成员的身份标签不断强化时，他的身份认同感也会更加强烈，尤其是通过社群活动获得奖励时。因此，社群等级制度、社群荣誉勋章、社群红人等之类的奖励机制在社群中是不可或缺的。图6-11所示为小米社区设置的"米粉之星"，极大地增强了"米粉"对社群、对品牌的身份认同感。

图6-11　小米社区"米粉之星"

6.4 社群亚文化，激发成员自觉原创内容

在社群运营中，社群的主流文化主要由社群意见领袖、品牌运营方来创造，但主流文化背后的社群亚文化也不容忽视，如社群成员原创内容（UGC）、社群组织的裂变与复制……社群亚文化的水准存在良莠不齐的缺陷，但若能合理运用，同样能让社群成员产生强烈的共鸣，让社群更具生命力。

6.4.1 有效刺激成员原创的自觉性

文化的扩散与传播是历史发展的必然。社群亦是如此，如果社群文化无法得到有效的传播，即便其再引人入胜，也逃脱不了被淹没的命运，无法得到有效传承。因此，社群文化的传播，不仅是品牌、社群意见领袖的责任，更是所有社群成员共同的使命。

要想刺激社群成员的自觉性，社群需要建立两个机制。

1．为社群成员提供创作内容的机会

社群应该向普通成员开放微信平台内容推送、论坛置顶等机会，为成员创作提供便利。例如，可以在每天一次推送的微信公众平台开设"社群成员投稿专栏"，推送成员的原创内容。

当社群成员内容创作的能力越来越强时，社群文化的传播就会由原来的单点传播模式，形成网状传播模式——社群成员对社群中的内容不再只是简单地阅读，他们会向自己的朋友分享自己在社群中的原创内容，以此满足"虚荣心"。这样也就扩大了社群的影响范围，刺激形成"全社群创作"的热潮。

2．为成员原创内容提升曝光度

普通社群成员并非"网络红人"，即使他们所创作的内容非常优质，但有时由于受众范围过窄，所造成的影响力也十分有限。此时，社群管理员、社群意见领袖应当积极行动起来，分享社群成员的内容，利用自己的影响力帮助成员提升曝光度。图6-12所示为罗振宇在自己的微博上分享"罗辑思维"成员的原创内容。

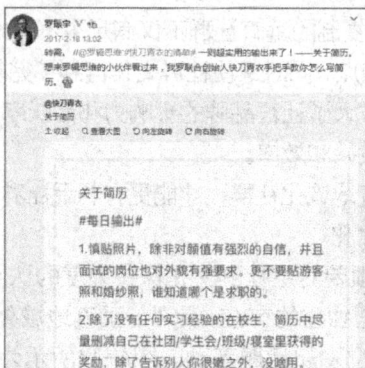

图6-12 罗振宇分享社群成员的原创内容

6.4.2　地域复制，引导成员建立垂直地域化社群

随着成员的不断增加，社群规模不断扩大，甚至可以达到数万人。如此大的规模，仅凭数个社群管理员是无法有效应对的。同时，伴随着社群成员数量的激增，新的社群文化形态不断涌现，并呈现出明显的地域化特征。此外，规模庞大的社群很容易出现话题无法集中的现象。此时社群可以引导成员开展垂直化社群建设，进行地域复制。换句话说，就是采用在各大社群中经常可以见到的"分舵模式"。

图6-13所示为魅族手机"魅友家"的地域性社群，它们依托于"魅友家"官方社群而存在，具有共同的社群文化；但同时每个地域性社群又会形成具有地域性的文化特质，社群文化得到了进一步细分。

魅族魅友家官方信息		
新浪微博：魅族魅友家；		
微信订阅号：魅族魅友家。		
11家官方认证魅友家信息（排名不分先后）		
城市	QQ群	微博 ID
北京	91693391	北京魅友家俱乐部
上海	121770058	上海魅族魅友家俱乐部
广州	50801122	广州魅友家俱乐部
深圳	63389928	深圳魅族魅友家俱乐部
成都	111813807	成都魅族魅友家俱乐部
杭州	66071980	杭州魅族魅友家俱乐部
郑州	220406714	郑州魅族魅友家俱乐部
武汉	609386872	武汉魅族魅友家俱乐部
长沙	385093751	长沙魅族魅友家俱乐部
南京	416194782	南京魅族魅友家俱乐部
重庆	110806455	重庆魅族魅友家俱乐部

图6-13　"魅友家"地域细分社群

可以说,这种地域化复制的垂直社群不仅满足了不同地区的群成员的个性化需求，体现出不同的地域特点，同时又使社群文化得到了完善和补充，形成了全新的亚文化社群体系，进而扩大了社群品牌的影响力和活跃度。这种多位一体的模式，提升了社群文化传播的效果和效率。

那么，如何建立垂直地域化社群，才能更有利于社群亚文化的传播呢？

1. 高度认同社群文化

垂直地域化社群必须要对主社群文化保持高度的认同感，它们应该是主社群精神的延续，而不是完全独立的存在。此外，垂直地域化社群应当接受主社群的监督，并积极配合主社群发起话题互动。图6-14所示为北京魅友家俱乐部响应"魅族魅友家"官方微博发起的#魅友家公益#活动。

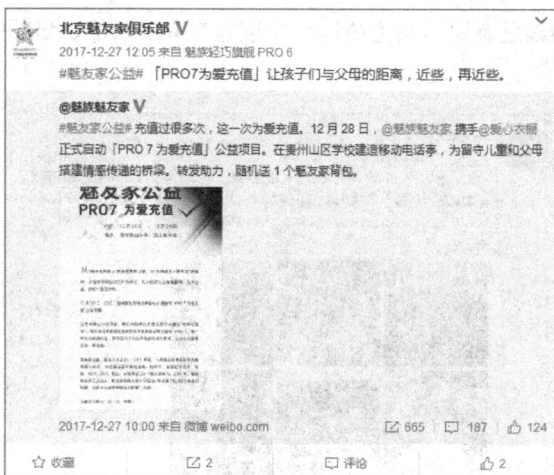

图6-14 北京魅友家俱乐部响应#魅友家公益#活动

2. 符合主社群相关要求

一般来说，主社群并不直接干预地域性社群的管理，这就容易出现地域性社群管理不善的情况。因此，为了保证地域性社群的质量，避免其负责人徇私舞弊，主社群应该设置一定的要求，规范地域性社群的创建。如"魅族魅友家"的创建，"魅族魅友家"官方设定了相应的创建要求和创建流程（见图6-15），经官方审核通过后地域性的"魅友家"才可以成立。

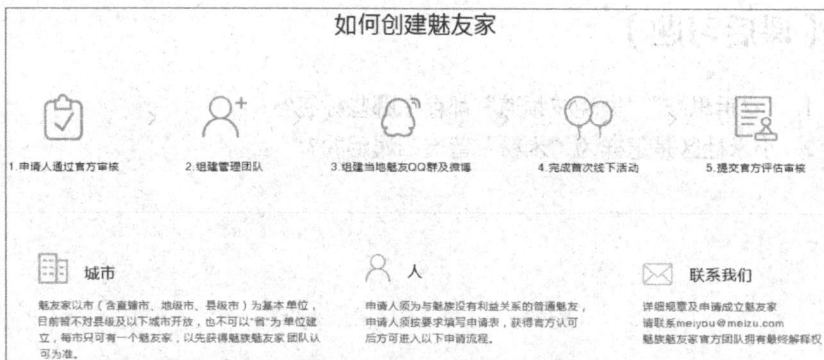

图6-15 "魅族魅友家"创建流程和创建要求

3. 主社群积极与地域社群进行互动

主社群应该给予垂直地域化社群足够的关注。例如，当地域性社群举办大型活动时，主社群应为地域性社群提供足够的支持。例如，在微博、微信等平台对活动进行预告、展示，帮助地域性社群提升影响力。主社群还可以为活动提供相应道具、活动材料、派遣专人奔赴现场，以提高地域性社群活动运作的合理性和专业性。图

6-16所示为"魅族魅友家"官方微博与北京魅友家俱乐部、贵阳魅友家俱乐部的互动。

图6-16 "魅族魅友家"与地域性社群的互动

主社群和地域性社群形成良好的互动关系，有利于整个社群体系形成完整、统一的价值观，提升社群影响力，促进社群文化向深度拓展。

【课后习题】

1. "罗辑思维""吴晓波频道"都存在哪些标签？
2. 小米社区是怎样为"米粉"营造归属感的？

7 第7章
从1到N，10倍速度引爆社群裂变式发展

【学习目标】

➢ 了解社群裂变的形式。

➢ 掌握社群裂变的必备条件。

➢ 了解社群不同成员在社群裂变中的作用。

➢ 了解引发社群裂变的三大驱动力是如何发挥作用的。

➢ 掌握社群裂变的模式与方式。

裂变的本质是价值传递，也就是把社群所提供的价值传递给更多的人。要实现这一目的，必须通过系统性的组织行为来进行。或者由社群创建者带领社群成员一起行动，向周边圈层扩散；或者让社群里的核心成员组织自己的人去完成任务，大家在社群规则和整体架构中向下复制，形成类似分群或分舵的形态，这就叫裂变。

7.1 社群裂变的形式：由内裂变VS由外裂变

有的人喜欢用"鸡蛋从内打破"还是"从外打破来"形容社群裂变的形式。对于社群来说，一旦曝光的范围扩大或者有事件炒作推动，其影响力就会迅速扩大，瞬间就会被更多的人知道，促使用户数量爆发式地增长。这种形式的裂变就是由外打破的裂变。由外打破的社群裂变更依赖关注量的转化，通常是短、平、快的单次爆发。有些社群不断地投入费用进行引爆式推广，但最终都没有真正地实现裂变。

由内打破的社群裂变是个持续不断的过程。这种裂变更注重社群内在用户结构

的健康程度，注重培养社群内不同类型的用户储备并爆发其促成裂变的力量。因此，一次有生命力的社群裂变，前期会经历漫长的酝酿期，当用户的状态达到了临界点，裂变才会不断地由内开始显现。

"凯叔讲故事"社群的裂变形式就有很多值得学习的地方。"凯叔讲故事"由原中央电视台主持人王凯创办，是目前最大的亲子教育社群之一、全国最大的儿童故事品牌之一，被称为孩子的"故事大全"、父母的"育儿宝典"。

在"凯叔讲故事"中，孩子们可以听到童话、寓言、历史、科普内容等各种故事，可以买到精选的童书和亲子产品。目前，其产品在微信公众号、App、微博、喜马拉雅FM等平台均有推出。图7-1所示为"凯叔讲故事"App的产品页面。

图7-1 "凯叔讲故事"App产品页面

在"凯叔讲故事"的裂变过程中，初期紧抓用户听故事的刚需，运用关键意见领袖（Key Opinion Leader，KOL）的传播，即持续借助王凯在用户群中的影响力，逐步积累起较大的用户基数。当用户达到一定数量时，他们开始了一些更实在的用户裂变动作，如基于IP去激活用户（如和知名的亲子作家在公众号开展深度合作）；更重要的是他们借助不同产品线，击中特定人群痛点进行社群裂变，如图7-2所示。

很多人在运作社群裂变时，会采取借助活动刺激用户传播的方式。这种方式忽略了用户着陆社群的价值点，最终只会导致用户的流失。社群裂变最佳的做法是采取紧抓并满足用户需求的方式激活社群裂变，当用户数量足够多时，每个用户在解决需求后会出现大大小小的基于需求影响的传播裂变。

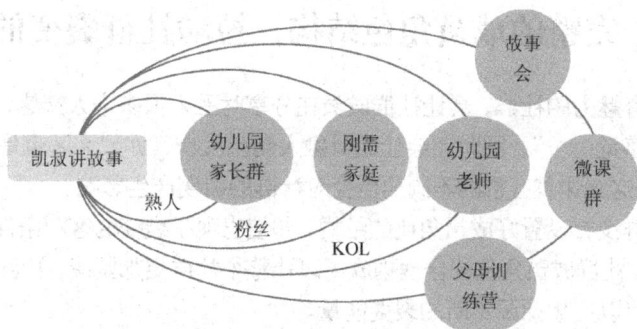

图7-2 "凯叔讲故事"社群的裂变

7.2 社群裂变的必备条件：价值临界点、人数临界点

用户的角色会在社群裂变的过程中不断发生转变，如"种子用户"会变成普通用户，"抗辩分子"会变成KOL……这些变化都是为了让社群达到裂变的临界点。具体来说，社群裂变的临界点有两个，一是价值临界点，二是人数临界点。

1. 价值临界点

价值临界点包括社群成员对社群的认同程度、对利益的追求等。价值临界点的出现意味着相应的用户已经储备好裂变的力量。例如一个知识共享的社群，某一部分用户在经过一定的培养教育后，已经具备产出优质知识的价值，这时只要他们进行一次主动的传播，如在群内分享、接受采访……任何一个苗头都可能将这个价值的裂变引爆。

2. 人数临界点

一个社群要想成功地运作起来，还需要有一定数量的人。社群裂变所达到的效果与两个因素有关，一是所影响到的人数，二是内容质量。所以，只有当社群影响到的人数达到临界点时，才能引发有效的裂变。这就是为什么很多质量一般的创意会因为受众群体基数大而获得大范围的传播，而那些非常好的创意却困守在少数用户的小范围互动中的原因。

很多公司在做内容传播时，都会习惯性地要求公司内部员工不断地在他们的朋友圈内进行分享，但这种做法往往并不会收到很好的效果。最常见的结果就是，内容仅仅在公司员工之间实现了传播。

那么，造成这种结果的原因是什么呢？是员工没有足够的外部号召力，还是员工在传播时并不积极？其实更主要的原因是员工多次的分享已经破坏了员工的社交价值爆发力，其价值临界点不断被削弱。另外，公司员工的人数远远没有达到相应内容可以造成裂变的临界点。于是，很多公司让员工集体转发到朋友圈的内容，最终都变成仅限公司内部的"刷屏"假象。

7.3 完整的成员角色结构，拉动社群裂变的杠杆

一个具有魅力的社群，会让社群成员在分享时融入很多个人情感，如"加入这个社群，我感觉……"；同时还会让成员融入角色代言，如"××也是这个社群的成员……"。这意味着社群的不同角色会对社群的裂变产生影响。

很多社群没有设置好成员角色的结构，即使出现了裂变的客观条件，裂变也不能最终产生。社群成员角色的合理构成可以让整个社群更加紧凑，社群在角色的杠杆作用下才可以产生源源不断的裂变能量。

我们将社群的角色大致分为两类，一类是跟社群产生从属关系的管理者、领导者、执行者、追随者；另一类是不一定归属社群用户体系的连接者、贡献者。一个具备裂变基因的社群，需要的就是这些角色发挥作用。

1. 管理者：社群的价值标杆

社群的管理者包括发起人、"小秘书"、群主、代言人。管理员在社群中扮演的是价值标杆的角色，他的个人魅力对社群的发展有着很重要的影响。通常管理者的性格会对社群成员的价值观产生影响。

在社群初级裂变中，管理员不断输出价值观引导社群的发展。在后续开放式的裂变过程中，管理员将会复制出不同的价值观输出角色，在各个裂变的中心点影响社群价值观的表现。

2. 领导者：生产价值

社群的价值可以点燃裂变，而领导者则是生产价值的人。常见的领导者角色不仅是指贡献价值内容的专家，还包括社群活跃分子、话题的发起人等，他们都可以提供引导社群用户聚集的价值。

对于社群领导者来说，除了刺激他们产生价值之外，还需要通过标签、头像、勋章等方式将他们"标记"出来，彰显他们的等级，这样可以很好地刺激领导者产出高质量的价值。

3. 执行者："种子"用户

在社群裂变中，"种子"用户是打破社群裂变边界的重要角色。社群需要给予"种子"用户免费获取价值的权利，例如免费体验产品、首批加入有特殊福利等。

"种子"用户加入社群并经过个性化的培养发展后，会逐步转变成其他角色。他们可能会变成连接者，也可能变成追随者，甚至是管理员。在社群裂变过程中，应该更多地去关注"种子"用户角色转变的培养成本，而不要过度追求"种子"用户的数量。

4. 追随者：享受价值，激活社群裂变

社群中的追随者包括会员、参与社群的用户以及粉丝，他们对社群的价值反应最为敏感，激活追随者也就是激活社群裂变。

追随者会对社群中的价值产生消费行为，包括情感交流、产品使用、内容获取等。在这个过程中，领导者提供价值所花费的"成本"得以抵扣。同时追随者不断向领导者的价值聚拢，社群运营者只要借助一些运营手段就可以刺激追随者发生裂变。例如，用社交关系分散转移付费成本、邀请关注、分享有福利等。

5. 连接者：连接社群内外的桥梁

连接者并不一定属于社群的用户体系，但他们是连接社群内外的"桥梁"，他们的存在一定程度上扩大了社群裂变影响的范围。在社群裂变的过程中，即便是连接者在自己圈子里偶然做出的 "分享"，也可能会让社群裂变的规模得以放大。

例如，A在自己的朋友圈中分享了社群中的一篇文章。虽然A的分享并没有影响到很多人，但是在A的朋友圈中有一个颇具影响力的人物B，人物B并不是社群成员，但他非常欣赏A分享的这篇文章，并在自己的朋友圈中也进行了分享，于是B就触发了一次KOL的裂变传播。因此，不要忽视那些不在社群内的连接者，利用好他们往往就能借力撬动大的裂变节点。

6. 贡献者：资源输入

对于社群来说，贡献者的主要作用是为社群带来资源的输入，包括用户、价值等，他们可以定向地助推社群裂变的产生或者扩大。在社群无法达到裂变的临界点的情况下，社群可以通过与外部贡献者合作、投放等方式，定向地获取相应的资源。例如，外部贡献者向社群输送用户，或者外部贡献者与社群联合打造产品，社群借助这些资源实现裂变。

7.4　规则，社群裂变不可或缺的因素

社群构建了完整的用户角色结构，并且具备了相应的爆发蓄能之后，要想形成社群裂变还需要相应的规则引导，包括社群的奖赏规则、惩罚规则、荣誉体系和发言规则等。

规则影响着社群裂变的轨迹。在规则的作用下，用户的角色开始不断地转变，更主动地达到相应的临界点，同时有规则地引导也避免了社群的裂变出现失控。

在裂变过程中，正向促进的规则与反向控制的规则会相互作用。这就需要掌控好规则的边界和力度，因为过于严格的规则或者太宽松的规则都会磨灭用户投入社群建设的积极性。其实，规则的边界和力度主要取决于社群用户角色的结构变化，当某个用户角色失衡严重时就需要收紧控制，而边界放宽可以刺激更多用户角色的倾向产生。

有些社群运营者为了避免社群产生不良氛围，会在社群成立初期制定非常严格的规则。虽然这种做法保证了社群的健康秩序，但容易让用户产生压抑的感觉，觉得自己在社群中无法充分地表达自己。尤其是对于"种子"用户来说，在社群角色

的培养还不成熟的情况下，用户如果觉得受限太多，反而会选择离开社群。因此，规则是灵活的，它们的存在只是为社群用户服务，不要为了设限而设限。

7.5 社群裂变三大"驱动力"：满意度、共建共享与社交货币

当社群已经具备了裂变的条件，不同角色的用户价值已经达到了临界点，引导裂变的规则也非常明确时，要想引发社群裂变还需要三大驱动力。

1. 社群满意度

很多人虽然加入到了某些社群中，而且清楚地知道加入这个社群能享受到某些价值，但他们并不会积极参与社群中的活动。其实产生这种现象的一个很重要的原因就是用户对社群的满意度不高。

虽然社群用户能够通过社群获得一部分的利益，解决基础的需求，但是如果他们没有对社群产生足够的满意度，社群就不具备内在主动裂变的驱动力。因此，社群成员也就无法为社群的裂变提供足够的贡献，社群的发展就会陷入很尴尬的境地。

2. 共建共享社群

让用户产生"自己是社群一分子"的感受，将会大大降低社群裂变的推动成本。让用户参与到社群的共建共享中，除了会让他们产生强烈的归属感和拥有感之外，也会让他们更加积极、主动地参与到社群裂变中。只有成员共建共享社群，才能避免出现裂变环节因利益与投入缺失而断节的情况。

3. 社群的社交货币

社交货币会刺激用户积极地进行多维度互动，而互动是激活社群裂变的主要方式。如果用户在社群中对社交货币产生了价值评估，当他们产生想拥有更多的社交货币的想法时，裂变的行为就更容易被激活。

例如，一些社群会设置用户积分，很多用户为了赚取积分会进行邀请、分享等裂变行为。当然，微信的点赞行为在一定程度上也属于社交货币。社交货币是刺激社群裂变必要的驱动力。因此，社群运营者可以打造社群中的社交货币价值，利用社交货币去激活用户裂变的意愿和行为。

7.6 把握社群裂变的时机

为社群引入新人是带动社群活跃度非常有效的一种方式，当新人为社群带来的活跃度增长边际效果越来越小时，就意味着你需要去做第二个群，然后是第三个群……一般来说，当社群出现图7-3所示的几种情况时，就可以考虑社群裂变了。

图7-3　社群裂变的时机

1. 基础服务完善

当社群基础服务已经完善，并找到了群与群之间的连接方法时，即可进行裂变。例如，一个英语口语练习社群利用每季度的演讲比赛来实现不同群组之间的连接，这样不同群组中的成员也能有互相交流学习的机会。

2. 社群用户达到一定规模

当社群用户到了一定的规模（如500人），社群活跃度遇到瓶颈时，应该进行裂变。有些社群当人数到了一定数量后，虽然还会陆陆续续有人加入，但真正参与发言的新用户并不多，比较活跃的大部分是老用户，此时就应该考虑裂变。

3. 用户需求增多

当用户对某种需求的呼声越来越大时，为了满足用户更加多样化的需求，就可以尝试去做社群裂变。

7.7　四大模式，让社群实现快速裂变

在社群裂变的具体操作中，如何做才能让社群快速实现裂变呢？从小米社区召集粉丝以及读书社群"樊登读书会"的裂变模式中，可以找到答案。

小米创始人雷军超爱玩智能手机。2012年他创建了一个手机兴趣论坛，一开始论坛人丁单薄，缺乏人气。于是雷军亲自出马，花了3个月的时间，一天到晚泡在各大手机论坛和QQ群，与手机发烧友聊天。最终软磨硬泡，才挖到100位发烧友，并让他们成为小米论坛的"种子"用户和版主。这100位"铁粉"每个人都是或大或小自带粉丝的社群意见领袖，在他们持续的内容输出和传播下，论坛用户3个月内就突破了1万人，1年内达到了50万人。

这时小米手机才应运而生，因为已经有了大量粉丝，所以还没生产就获得了20万部的预订量，这在当时的中国手机行业是前所未有的。小米依靠社群裂变的力量，一路绝尘，迅速成为行业翘楚。

"樊登读书会"由原央视节目主持人、MBA资深讲师樊登博士创建，是一个基于移动互联网的学习型机构。它是倡导"全民阅读"的先行者，是国内最火的读书社群之一。与其他一些读书会不同，会员加入该读书会需支付年费365元。截至2017

年6月,"樊登读书会"在全国范围内拥有500余家分会、11家海外分会和200多万正式付费会员,同时会员还在以平均每天5000人的速度递增。图7-4所示为"樊登读书会"的Logo。

图7-4 "樊登读书会"Logo

通过分析,不难摸清"樊登读书会"裂变发展的模式。一方面,依靠樊登博士的名人效应和专业品质带来的口碑传播。另一方面,他们在内容付费行业首创了"二级分销"社群裂变模式——先把忠实度高、人脉广的老会员加盟为城市代理;其发展的会员如果推荐了朋友加入读书会,推荐者同样有提成奖励,相当于二级的个人代理。每位城市代理还组建了本地化的读书会社群。"樊登读书会"在全国的多家本地分会都建有微信群,每周举办地面读书沙龙,进一步提升会员的参与度,激发口碑传播。

从上面的两个经典案例,可以总结出社群裂变的4种模式,如图7-5所示。

图7-5 社群裂变的4种模式

1. 情感裂变

情感具备强大的穿透人心的力量,因此社群可以凭借情怀、价值观、服务口碑等进行传播。

2. 内容裂变

持续输出实用或有趣的内容,组织会员或"大V"广泛地进行转发,这应成为社群运营的例行要务,如"小米社群""吴晓波社群"等。

3. 利益裂变

把会员变为代理商,业绩优秀者甚至升级为股东,以利益分成强力驱动裂变,如"樊登读书会""大V店"等。采取这种模式必须注意把握分寸,否则很容易涉嫌传销。

4. 共享裂变

在社群的资源共享,促成裂变。社群中每增加一位新会员都会让其他会员获得的价值得到提升,自然就会调动起大家引荐新人的积极性,如"给予者联盟"采用的就是共享裂变的模式,人越多,分享越多,内容就越丰富。

7.8　四种有效的社群裂变方式

社群裂变的本质是对用户进行需求集合分类，当用户画像的颗粒度越细，所能裂变的社群种类也就越多。下面简单介绍几种有效的社群裂变方式。

1. 简单复制裂变

如果新群的服务方向尚未明确，为了保证裂变出的新群有一定的活跃度，可以采取简单复制裂变的方式，即将一个群用同样的服务标准复制到第N个群，这可以解决部分新群活跃度低的问题。

2. 按需求裂变

按需求裂变，就是按照社群的服务类型进行专题化。例如，一个投资理财社群可以裂变为内容运营、投资理财课程、理财产品等社群。

3. 按阶段裂变

按用户所处的生命周期进行裂变，如按照用户所属阶段（入门、初级、高阶、总监、CEO）进行分类。运营电商类产品可以按照付费用户和非付费用户进行裂变，其中付费用户还可以按照支付金额的大小再进一步裂变。

4. 按地域裂变

按地域裂变，也就是常说的城市社群，如小米遍布全国各地的同城会、"魅族魅友家"的同城会等。需要注意的是，城市社群的创建最好是由用户主动牵头发起，官方只承担任命负责人和资源配合的工作；如果反过来，一般不会收到良好的效果。

7.9　"涨粉"裂变，扩大社群规模

社群裂变看似很简单，但实际操作起来并不是一件容易的事情，需要运营者投入大量的时间和精力，还需要持续投入，有长久的耐力。下面分享一些社群"涨粉"裂变的实操技巧。

1. 海报＋新手群裂变

工作人员通过各种渠道向用户分享海报；用户A扫码进入新手群，机器人自动向A发送群规则（例如，需要把海报分享到朋友圈才能进入正式群，半小时后不分享到朋友圈的会被请出社群）、欢迎语及用户专属海报；用户A成功分享到朋友圈后，将分享截图发送到群里，机器人自动检测截图并告知用户成功获取进入精品群的资格。具体流程如图7-6所示。

众所周知，用户都是趋利的。精品群的价值更高，能让用户觉得"这是我需要的""我能从这里获得利益"，自然会吸引他们在目标群体中形成分享，进而裂变大批的用户。但这种方法也存在一定的劣势，就是将大批的目标用户聚集在了一个毫无门槛筛选机制的新手群里，很容易出现广告等垃圾信息，进而引起用户的反感。

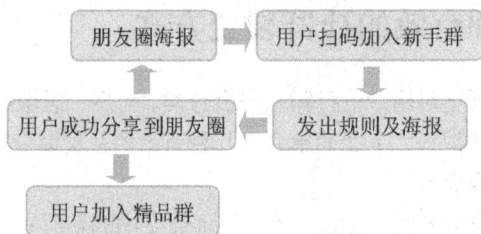

图7-6　海报＋新手群裂变的流程

2. 海报＋"小秘书"裂变

这种方法是在第一种方法的基础上进行了一定的改善,即运营人员在朋友圈或通过其他渠道发布社群海报,用户通过扫码添加"小秘书"私人微信,"小秘书"与每一个用户私聊下达分享任务(如分享朋友圈、让三个朋友帮忙扫码等),用户完成任务后截图反馈给"小秘书",通过人工审核后即可获得入群资格。具体流程如图7-7所示。

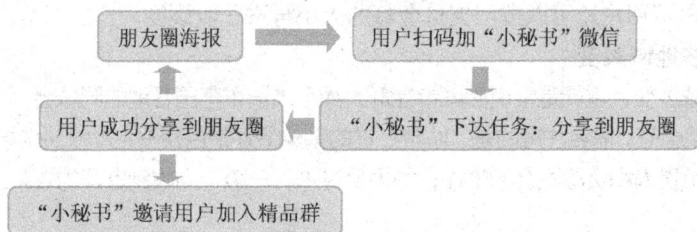

图7-7　海报＋小秘书裂变的流程

这种方法解决了第一种方法中容易滥发广告的问题,也提高了社群的入门门槛,减少了垃圾信息的产生,让社群成为一个更加干净的环境。

3. 阶梯式奖励

阶梯式奖励的社群裂变方式无疑最能抓住趋利性用户的心理,只要是发布对用户有诱惑性的资源,都可以为社群带来爆发性的效果,但前提是你的诱饵足够吸引人。例如,让现有的社群成员邀请好友加入,只要群内每增加50人,运营人员就发一个大红包让大家抢;再如,社群开设新一期的课程,社群老成员邀请3个人入群即可获得免费听课的权利。但这种方式缺乏有效的筛选机制,让用户疯狂拉新,获得的用户质量往往很低,也容易出现微商广告等内容。

4. 利用各种插件

近年来,随着社群领域的快速发展,拉新"吸粉"的需求越来越大。各种免费或付费的插件也应运而生,常见的有"任务宝""积分宝"等。利用插件细分裂变流程大致如图7-8所示。

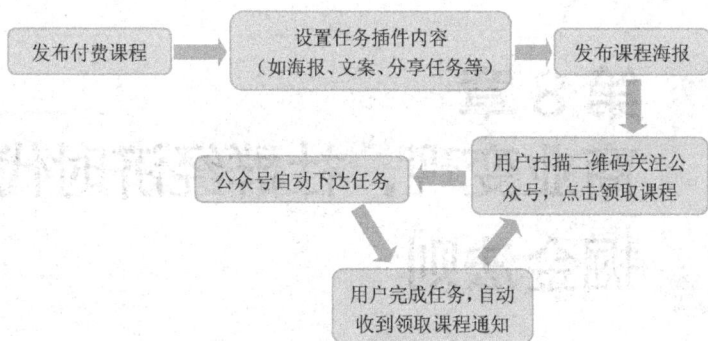

图7-8　利用插件细分裂变流程

5. 借助线下用户

绝大多数的社群都拥有自己的线下渠道，如品牌线下门店或线下活动等。利用线下"种子"用户举办投票活动，邀请好友进群也可以获得不错的效果。

通过线下活动或品牌门店，收集线下"种子"用户信息；邀请"种子"用户参与投票活动，并设置相应的奖品；在投票界面设置社群宣传内容，邀请参与投票活动的用户加入社群，并在社群中激励用户为自己分享拉票，通过用户分享拉票获取新用户加入。具体流程如图7-9所示。

图7-9　借助线下用户"涨粉"裂变的具体流程

线下用户具有对社群信任度高、熟悉度高、黏性强等特点，与线上用户相比，他们更容易被说动参与到活动中来，也更可能成为社群的核心用户。

【课后习题】

1. 简要分析"罗辑思维"是如何实现裂变的。

2. 假设你是一个互联网运营交流社群的负责人，在开展社群裂变时应该考虑哪些因素？应该选择何种方式进行社群裂变？

第8章
商业变现，社群经济时代的掘金法则

【学习目标】
➢ 了解社群商业价值变现的基本逻辑。
➢ 了解社群经济的发展模式。
➢ 了解影响社群商业化发展的因素。
➢ 掌握社群变现的方式。
➢ 掌握运营好付费社群的方法。
➢ 掌握社群非金钱变现的方法。
➢ 掌握挖掘社群长期价值的方法。

社群经济已经成为当前炙手可热的社会热点，诸如"吴晓波频道""罗辑思维"等社群组织，均以其独具特色的运作逻辑，充分验证了社群经济的价值，也给我们提出了新的课题——社群商业价值到底该如何开发？除了"吴晓波频道"模式、"罗辑思维"模式，是否还有其他具有普适性的模式，能让社群经济的真正价值得以实现呢？本章将对这些问题进行深入分析。

8.1 社群商业价值变现的基本逻辑

在工业化时代，商业活动的起点是生产出来的产品，然后对产品进行营销，再借助终端渠道最终到达客户；若有需要，可以通过售后服务的方式实现后续的跟进服务。"产品、营销、渠道、客户、服务"是一个基本的流程体系，如图8-1所示。

产品 ➡ 营销 ➡ 渠道 ➡ 客户 ➡ 服务

图8-1 工业化时代商业活动流程体系

而在当前的互联网社群经济模式下，要实现商业活动的流通，已经无法从提供产品开始。因为富足的产品供给已经让社会群体的基本需求得到了很大程度的满足，基础标准化的产品提供的规模化经济已经渐渐失去活力。

与此同时，用户更多时候追求的是一种个性化的需求，如突发性的需求，或者基于一群人的组织内部、基于一个场景触发的需求，进而带动商业活动的展开。其消费行为被大大地后置，而前置的已经不再是产品而是社群，发生的场所也已经不再集中于我们传统观念中的商店、市场，而是无处不在的场景、情景之中。

当今的移动互联网时代，商业活动的起点往往源自一个社群，一个基于兴趣爱好或者各种垂直细分需求标签而形成的社群。

在社群中，能够抓住机会的参与者或运营者会在其中发现自己潜在的用户，并且通过各种类型的活动和社交互动引导这群潜在用户产生特定的集中或个性化分散的需求，最终通过互联网基础设施所提供的便利，组织生产满足用户需求的产品和服务，从而形成当下商业流程的新路径。

"社群、用户（潜在）、需求、服务"，商业互动流程和形态发生了重大变化，这就是移动互联网经济模式或者说社群经济模式的新特征。

1. 社群商业价值实现的基本路径

社群商业价值的实现，需要经过三个环节。

（1）社群商业运营1.0：创建社群

在社群经济模式下，社群要实现其应有的商业价值，首先必须具备1.0层次，也就是解决社群的存无问题。换句话说，一个垂直细分的、具有一定特色的社群组织，即社群1.0。在此基础上才可以实现进一步的商业运营，升级到2.0。

（2）社群商业运营2.0：实现商业闭环

升级到2.0的前提是在社群中能够找到潜在的运营对象，或者说未来商业运营的潜在用户，并且能够实现一定的商业闭环。

例如，一个拥有10万人规模的母婴社群（如几百个微信群组成的一个简易的社群。社群诞生后一般是依托社会通用的社会化媒体和社交工具进行关系维护与互动，如QQ、微信等都是主要工具，而QQ群和微信群又是主要的互动载体），此社群内一定有诸多的妈妈、准妈妈，以及闻风而至的诸多为该群体提供服务的供应商。在一个简易的微信群或QQ群中，人们已经能够借助微信或QQ的信息传播功能和社交功能，进行供求信息的交流互动，并且进行各种线上或者线下的兑现，最终创造价值。如此一来，社群就具备了可以进行商业运营的初步条件，进行2.0模式的提升就理所当然了。

此时，有必要研发或借助一个统一的平台，将分散在微信群或QQ群中的用户需求和商业闭环过程统一在一个线上平台上去实现。如果这个社群中的用户需求集中体现在标准化的商品消费需求中，则一个微店系统就可以实现此功能。如果这个社群既包含直接电商的需求，还有更多的信息发布交互的需求，此时就需要一个社区产品连带一个可以进行电商交易的微店系统等。这就是商业闭环的再次上线过程。

无论需求的技术产品形态如何，最终要实现的都是对接社群组织内部人和服务的连接需求，形成以社群为支撑、技术工具为手段的系统，这样，才能连接社群内比较集中的需求和服务提供商，并实现需求和服务配对的过程。这样，一个简单的社群运营平台就搭建完成，并且实现了基本的交易功能，从而完成了从松散社群运营到2.0社群运营的升级。

（3）社群商业运营3.0：升级为对外开放运营平台

在社群2.0的基础上，要实现社群的更大商业价值，必须对工具平台进行升级。通过将服务自有社群的工具平台向同类社群或者更为广泛的人群开放，可以不断扩大供求规模、提升品质，创造更大商业价值。真正对外开放，实现工具平台到真正意义上的开放服务交易平台的升级，即所谓社群经济3.0的升级。

以一个母婴社群为例，在完成一个技术产品开发之后，可以满足社群内部部分用户的需求。如果能将其搬到一个自己开发或者改造的工具平台上，它就可以满足更多人的需求，并整合和匹配相应的服务。在此基础上，要想将其转变成一个开放服务的交易平台，就必须对外开放、横向推广这个工具平台，让更多增量的母婴社群用户能够用上这样一个具有标准化、普适性属性的工具平台，最终将其从一个内部的社群运营平台升级为开放的社群运营平台，实现真正意义上的社群运营平台的建立。

2. 社群商业运营的核心点

社群商业运营从1.0到3.0的升级过程中，需要注意以下几个核心点。

首先，社群运营必须坚持自然而来、自然生长、循序渐进的原则。社群运营要秉持自身特色，从拥有社群、发现社群中用户的共同需求出发，进行初级的社群需求个性化满足。形成闭环之后，再进一步决定社群运营模式的升级，包括借助技术平台实现规模化效率的提高。

其次，要始终坚持最简化可实行产品（Minimum Viable Product，MVP）最小化实验的原则。在独立、统一的技术平台尚未形成之前，需要借助互联网通用的工具平台进行最小化商业闭环的实验。通过这个过程才能确定社群商业运营需求的刚性和可行性。

最后，要始终坚持社群运营从简单工具开始的原则。先借助简单工具满足社群内部需求，随后将工具升级到开放服务的交易平台，扩大服务对象范围，增加服务提供商的数量等，进而实现社群商业价值的最大化。

以基础的社群用户需求为引子，通过各种方式满足用户的集中需求；借助互联网通用技术工具实现最小化商业闭环，再形成统一的工具平台，将需求的匹配过程规范化，以升级社群运营的层次；最后实现工具平台向社会化开放平台的升级，这是实现社群商业价值的基本流程。

8.2　社群经济发展模式：内容＋品牌＋圈子的多样化尝试

社群经济是主要基于社群的商业生态，它将社群和交易结合起来，满足消费者不同层次的价值需求，是人类社会化的必然发展趋势。在商业化方面，社群在较为完善的支付体系、云服务的支持下，围绕自身内容、品牌及圈子进行了多样化的尝试，如图8-2所示。

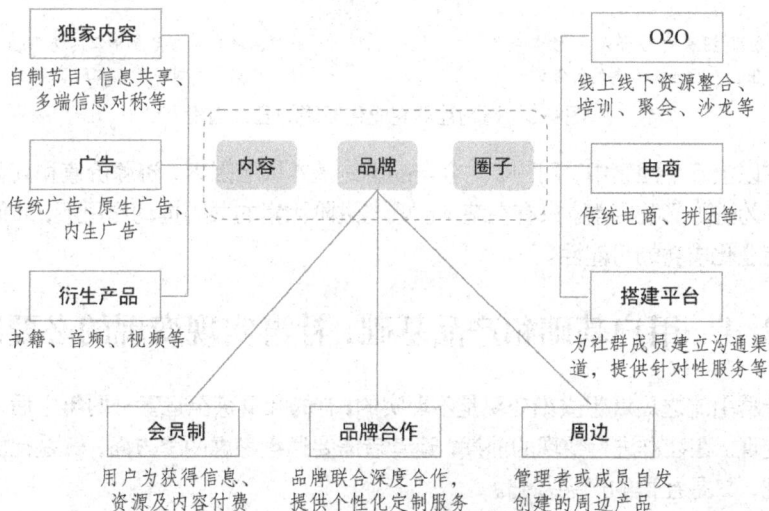

图8-2　社群经济发展模式

在以上模式中，广告、电商等传统模式随着社群经济大环境的发展和社群文化的不断深入而持续深化，而诸如会员制、品牌合作、搭建平台、衍生产品等新兴模式也让社群商业化的发展模式更加丰富。未来，围绕社群内容与品牌的前向收益或将持续增加。

8.3　影响社群商业化拓展的五大因素

随着社群在商业化方面的探索不断深入，社群的多种商业模式与运营策略逐渐清晰，社群的商业价值也越来越得到认可，越来越多的社群纷纷加入了商业化的浪潮。但是，社群在商业化探索的道路上也遇到了一些问题，如果在关键问题的选择和把握上没有清晰的想法，反而会给社群未来的发展造成困难。

具体来说，会对社群商业化造成影响的主要有五大因素，如图8-3所示。

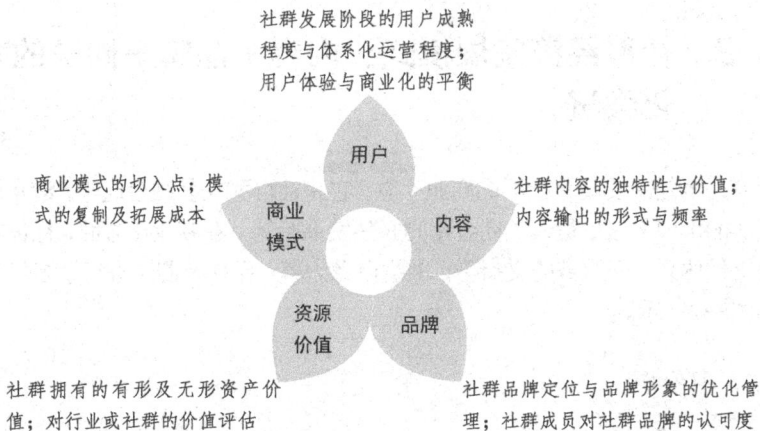

图8-3　影响社群商业化拓展的五大因素

在以上五个因素中，用户、内容与品牌是基本影响因素，资源价值和商业模式的选择为进阶影响因素。只有在基本因素与进阶因素的共同推动作用下，才能提高社群商业化成功的可能性。

8.4　用户基础和产品基础，社群实现变现的必要准备

社群引流之后就想立刻变现是不现实的，有的社群甚至运营一两年之后才开始考虑变现。在社群进行变现的前期，运营者需要通盘考虑两个方面，一是社群的用户基础，二是社群的产品基础。

1. 用户基础

用户是社群的付费者，正是因为用户的存在，社群变现才得以实现。在社群考虑变现之前，需要做好用户留存、用户体验两个环节。

（1）用户留存

用户被成功导入社群后，就必须立即启动社群的运营机制。刚加入的用户是非常敏感的，他们对社群的初期印象对社群的后续运营非常重要，因此不能急着售卖产品变现。

此时，仍然需要保质保量地持续输出引流的免费内容，避免用户产生被骗的感觉。除此之外，还需要通过活动、互动收集用户信息，分析用户需求，为日后变现打磨初级产品。初级产品可以先通过让用户免费获取的方式收集用户反馈，待产品成熟后再进行大范围推广。

社群用户留存阶段尽量不要进行营利性运营，因为信任基础的建立并非一朝一夕就能完成的。

（2）用户体验

开展用户体验时要做到通盘考虑，充分结合社群建立时的规划，以及运营过程中对用户调性的把控和调整。社群要集中力量为用户提供更大的价值，为变现蓄积势能，以再度加深用户的信任。

可以做一些与变现有关的测试工作，提前对变现效果进行预估和备案。因为通常来说，直接向用户推送产品，用户并不一定会买。用户只有真实体验过产品的独特性，并有消费的能力，才会愿意买这些产品。

社群的互动也是不可或缺的。互动的关键点在于反馈，朋友圈的分享、评论、交流，一对一的专属沟通，特殊问题的交流答疑等互动都不容忽视，那些不易被观察到的细节往往就是事物的关键爆发点。借助互动可以提前掌握群成员的分流方向，然后再通过举办活动和变现将群成员分流，并针对他们进行精准营销，越精准的运营越能加深用户的信任。这种反馈前置的方法在实际运营中往往能收到意想不到的效果。

2. 产品基础

产品形式有很多种，免费的、付费的、有形的、虚拟的、线上的、线下的。产品是根据用户延伸出来的，因此产品首先要保证能够符合用户的需求，否则不但无法实现转化，甚至还会引起用户的反感。

（1）充分调查

除了对社群产品进行正式的调查、数据分析以外，还可以寻找核心用户进行单点突破。先拥有了用户是社群的优势所在，所以社群的产品是能够通过与用户的交流、沟通来获得具体的反馈意见的。移动互联网时代是一个充满个性化的时代，相较于通过和用户面对面的交流获取反馈来说，从社群节点人物口中获取信息更有利于产品的打磨和传播。

（2）快速迭代

社群的用户也会随时发生变化，所以需要随时把握用户的动向，为用户提供当下最具价值的产品。时代变化的速度不断加快，人的需求也随之迅速变化，这时就要找准时机，迅速切入用户的需求，在产品增长陷入瓶颈时迅速寻找新的突破点。

8.5 社群变现的方式

商业模式是根植于产品本身的，几乎没有一套通用的商业模式可以用在任何一个产品上。社群也一样，由于社群类型多样，我们不可能用一种商业模式去套用所有的社群。当然，这其中的原因极其复杂，最主要的就是商业模式是否能与社群的属性相匹配。

商业变现一般是社群发展过程中自然出现的结果，绝对不会生硬，也不会无中生有。因此，社群的深度运营是十分重要的前提。正是因为不同的社群有不同的属性，每个社群都应当根据自身实际情况进行持续的深度运营，才有可能形成有效的商业变现模式。下面介绍的这些商业模式是如今大多数社群的选择。

1. 收取会员费变现

收取会员费变现，可以说是最为简单、直接的变现方式了。所谓会员费，就是群成员要想加入社群，必须要向社群支付一定的费用，成为社群会员后才能参与社群活动、享受社群服务等。

如果社群或者群主相对于群成员来说本来就存在着势能优势，那么收取一定的"门票"自然是天经地义的，这就是经常所说的"付费型社群"。

其实，付费更应该被单纯地看作是筛选成员入群的门槛，而不是社群变现的主要手段。社群不同于粉丝群，它是有着共同目标和价值观的人群聚合，因此群成员必须要经过筛选，收费就是一种很好的手段。如果成员愿意为入群付出金钱代价，那基本上可以认为他对社群是高度认同的。

通过为会员费设置不同的等级门槛，也可以把社群中最活跃和最有归属感的粉丝聚集在一起，进一步增强专属圈子的黏性，给粉丝提供专属的社群增值服务，并且通过各种运营方式让会员间发生关系和产生合作。例如，国内首个基于网络视频和移动互联网的女性社群"彬彬有理"的会员分为普通用户、银卡VIP、金卡VIP和黑卡VIP四种，如图8-4所示。

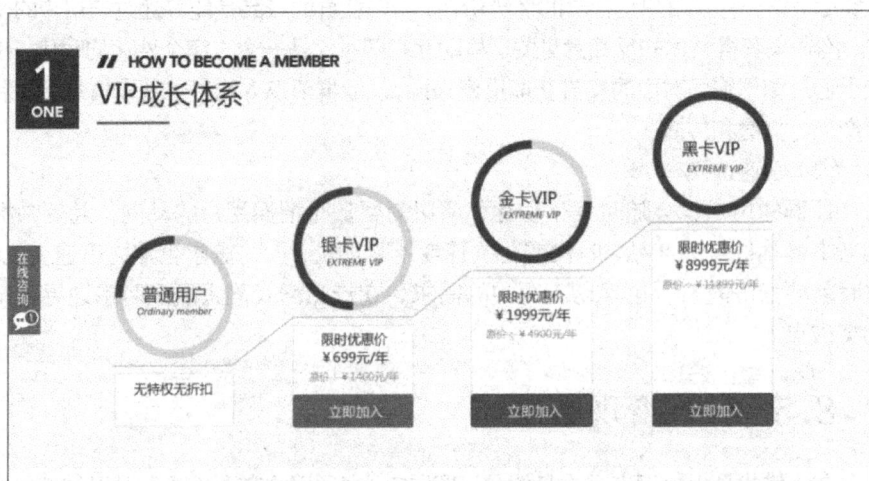

图8-4 "彬彬有理"的会员等级

但收费并不足以支撑一个社群的商业变现，毕竟群成员的数量是有限的。如果会员费收高了，容易造成群成员的减少。要想吸引更多的群成员，就不能将费用定得太高。因此，社群通过会员费获得的收益规模不会很大。而且一旦群成员与社群建立了收费关系，就可能破坏群成员间的平等和互动关系。交费的成员在心理上会发生转变，他们从原来的社群铁杆粉丝变成服务的购买者，导致群成员与社群的情感连接变弱。这就需要社群采取相应的措施来增强付费成员对社群的黏性。

2. 产品变现

产品变现是很多产品型社群的主要玩法，就是通过社群运营的方式让用户参与到产品的设计和制作等各个环节，并且与用户深入发生联系，让用户产生更强的信任感。这样用户在认可社群价值的同时，也会认可社群品牌的自有产品。无论是具体到物的产品，还是培训、咨询等服务，都可以理解为一个产品。

具体来说，社群产品主要分为实物类和内容类。针对实物类产品，社群可以在运营过程中通过各种方式来展示实物产品的各种特点和优势，让大家对产品更加了解和认可，如小米社区中的手机、充电宝和耳机。

对于内容类产品，社群可以通过知识IP的打造，塑造老师的个人形象和社群的专业优势，从而推出相关的专属知识内容。图8-5所示为萧秋水老师的知识管理音频课程。

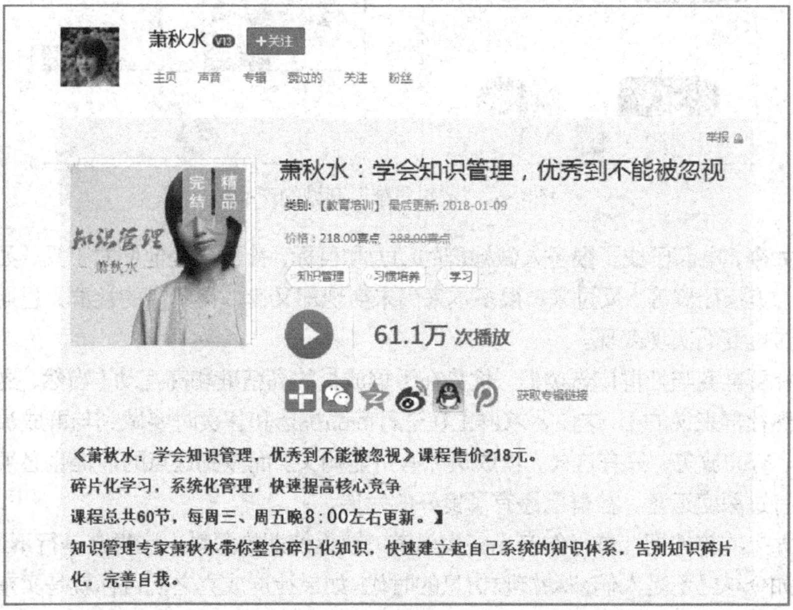

图8-5　萧秋水的知识管理音频课程

变现产品一定要符合社群调性且与社群相匹配。例如，做红酒的社群突然卖家具就会让人觉得很奇怪，而且在运营中也难以寻找凸显的特点。此外，产品要有差异性且品质要好，否则辛苦建立的社群关系会迅速崩塌。

3. 电商变现

社群电商的实质就是将自己的商品以社群为渠道卖给用户。社群应当卖货，这是"罗辑思维"提出的主张，而且他们也在身体力行，卖书、卖年货，如图8-6所示。

图8-6 "罗辑思维"商城的产品

如今，电商已成了很多人做社群的动力和目标，社群只是他们的工具，如母婴社群、美妆社群等。反过来，很多本来尚未变现却又运作得不错的社群，也期盼能够通过电商而实现变现。

社群电商与社群广告类似，优势在于群成员的高精准和高互动（当然，这是针对成熟社群来说的）。这便要求群主在进行商品挑选和售卖时要做到与群成员精准对接、有的放矢，只有这样，群成员才有可能购买。而做到这点的前提也必须是对社群有过深度运营，社群已经有了良好的发展。

如果纯粹地把社群当作产品售卖渠道，缺乏前期的深耕，这肯定是行不通的，因为如今早已不是人们被动接收信息的时代。如果社群成立之初目标就是卖东西的话，往往也收不到好的效果，充其量也就是个电商而已。"罗辑思维"先吸引用户，把用户聚合在一起以后再开始做电商，高精准、高互动，就能一下引爆。这是深度运营的结果，这才是社群电商。

除此之外，社群电商同样会受到群成员人数不多的限制。所以就电商来说，"网红"模式有很大的优势，想要通过电商变现，必须要有大体量的粉丝基础，如罗振宇和张大奕，他们做电商是很容易成功的。自媒体"网红"做电商，实质上是把传统媒体的流量优势搬到互联网上来了，所以很容易变现。

4. 广告变现

通过广告变现，本质上是把社群当作广告投放渠道。社群是一种媒体，有媒体就可以有广告，这自然是天经地义的事情。你可以通过收取渠道费的方式给别人做广告，或者代理别人的产品，从中获取分成。无论是实物产品还是虚拟产品，都可以采用这种方法。当然，如果你的产品足够好，但缺乏推广的渠道，也可以用这种方式从别的社群获取流量。

但是，任何广告都应与媒体形式相匹配，否则就是无效的。社群作为一种新兴媒体形式，把其当作广告投放渠道，肯定不能采取传统的只求浅层触达的方法。社群的广告变现，一方面对用户质量有要求，另一方面对合作伙伴有要求。广告变现最好是以合作的方式开展，通过高性价比的活动潜移默化地进行宣传，单纯的"发完就走"的模式绝对不可行，因为你的广告很容易被群成员看作是垃圾信息而被过滤掉。

社群本来就是重运营、重互动的，群成员（用户）又是相对精准的，因此广告只有建立在良好的社群运营和精准的群成员匹配上才会有效。有时甚至需要将广告当作社群内容、活动的本身，就像很多自媒体"网红"，广告与内容深度吻合，让用户傻傻分不清，粉丝甚至戏称自己每天就是特意来看广告的。

不过，社群不像"网红"那样能有规模庞大的粉丝基数，因为社群经过高精准化的成员筛选后，人数必然会有限制，所以广告的覆盖率不会太大，这自然会对社群变现形成限制。因此，社群广告是难以成为一种持续大规模的变现方式的。

5. 服务变现

把基础的社群运营活动以免费的方式展现出来，尽可能多地聚集精准粉丝，然后通过提供增值服务的方式对部分有需求的人进行收费，这就是服务变现。

例如，"罗友霸王课"就是通过好课免费学的方式，打造了一个爱智求真小伙伴的朋友圈。但是，如果用户想要获取专属的服务、专业的指导、专门的陪伴，用最快的速度获得自己想要的技能，就需要支付相应的费用。图8-7所示为"霸王课"的免费好课，图8-8所示为思维导图专业指导付费专栏。

对于成员来说，选择付费还是免费，主要取决于能否通过社群的增值服务快速满足自己的需求，所以只要社群的增值服务内容足够优质，就有很大的可能性实现营收。

图8-7 "霸王课"免费好课

图8-8 思维导图专业指导付费专栏

6. 合作变现

社群聚集了一群有着共同特质的人，他们有共性，但也存在差异。共性使他们产生协作，差异为他们提供互补资源。因此，运营社群不是在运营微信群等网络群，而是在运营人。成员之间互通有无，互相协作，能够产生很多的价值，所以社群的运营者也要格外注意与社群成员的合作。

合作变现的方式很多，常见的换"粉"互推、资源交换、合作产品都是可以尝试的合作方式。例如，一个做职场类课程的社群，可以和同样带有一定流量的老师合作互推，大家粉丝调性差不多，联合推广能够聚集更高的势能。

无论是产品代销、资源匹配、人脉链接，人都是所有事物的中心节点，通过一个人可以链接到他身旁所属的任何事物。这其中具体的形式可以是招聘求职需求、渠道合作需求、外包服务需求等。社群运营者应该了解用户能提供什么，用户需要什么，在资源匹配的同时变现收益。

通过合作进行变现，最重要的就是要处理好本社群与合作社群之间的关系。一方面，不要越过对方的合作底线，给对方社群带来不好的影响；另一方面，合作之前就要把推广、分成这些事项商量好，否则不仅容易合作失败，还会对双方社群的声誉造成不良的影响。

8.6 如何运营好付费知识社群

收取费用是社群变现的一种方式。现在越来越多的社群开始采用付费运营的模式，或者免费和付费并存，设置免费的入门群和收费的提高群。一方面，付费是筛选会员的一种有效手段，可以挑选有决心、有魄力的会员，组团取暖，共同发展；另一方面，会员的付费能够帮助社群的运营者获得价值回报，进而保障运营者升级服务，以更专业、更专心的态度为会员带来持续的高价值，实现良性循环。

1. 影响用户加入付费社群的因素

对于准备做付费社群的人来说，必须好好研究一下潜在用户对付费社群有何看法，以及用户如何判断该社群能够为自己提供相应的价值。下面将从"潜在会员看到付费社群的反应"的角度入手，探讨分析影响用户加入付费社群的因素。

（1）反应1：他是谁

自媒体人提出收费服务时，他所能提供的"产品"的核心其实就是自己，包括专业能力、人格魅力等。若收费人不具备这些标签，会让人一头雾水：这人是干什么的？

付费社群的核心和能量根基在于圈子的组建者或价值提供者，其个人品牌和形象是别人首先要考虑的，如罗振宇、樊登、吴晓波、王凯等人都具有很强的号召力，凭借自己的个人魅力聚集了大批粉丝。

（2）反应2：他能提供什么价值

产品和服务的本质是传递一种价值，能够为别人解决实际问题或者困惑。没有价值，就没有价格。如果是一个写作社群，那么社群提供的核心价值就是教别人写作的技巧和方法，并给予耐心、细致的辅导，如图8-9所示。它所提供的附属价值在于让成员认识高能量的人，受到正面的影响，站在巨人的肩膀上看世界。

图8-9 文叨叨写作训练营

把经验和方法传递给别人，也是一种稀缺的价值，这也是目前一部分收费自媒体的操作方法。总之，价值是收费的实力基础，有了"金刚钻"，才敢揽"瓷器活"。

（3）反应3：这样的服务是否能满足我的需要

一个体形健美、身材苗条的人，面对世界上最神奇的减肥新药也会无动于衷，原因是该产品对他来讲没有任何意义。价值必须与需求匹配才能称之为价值。

要想让别人接受你的产品，必须要考虑到你所提供的产品的价值与客户的需求是否匹配，客户是否需要这样的服务。

（4）反应4：他是否值得我信任

信任关系也是决定成交的关键因素。成交是建立在信任基础上的。乔·吉拉德销售汽车几十年，他在前期通过不断地与客户接触才获得了客户的信任。到了后期，别人脑海中已经形成标签了，他（乔吉拉德）就是销售汽车的，他就是最专业的。因为专业，所以信赖；因为信赖，所以成交，这是情感因素。

有两种方法可以帮助你建立与他人的信任关系，要么是你主动与他人建立了信任关系，要么是有其他人的信任背书。

（5）反应5：多少钱

潜在会员是否拥有相应的支付能力是影响用户是否加入付费社群的最后一个因素。之所以将这一条放在最后，是因为无法衡量这一因素所占的比重。金钱对每个人的重要性难以判断，对有些用户来说，收费标准可能是决定性的因素，而对另一些用户来说也可能是无所谓的，这也取决于受众群体的收入水平。

2. 如何提升付费知识社群的质量

做好付费知识社群，提升付费知识社群的质量，需要做好以下几点。

（1）专业、稀缺、系统

首先，要保证社群为用户提供的内容足够专业，有足够的价值，也就是说内容生产者不能像平时发软文一样为社群成员推送内容，其为成员提供的内容要有行业背景作为背书。专业性是付费内容的基本要求。

其次，要注意内容的稀缺性，这是付费内容的一般标准。用户之所以要付费购买社群里的内容，肯定是因为他无法通过其他渠道来获得这些内容，独家内容的稀缺性是最强的。此外，还要注意内容的原创性，并合理规划分发渠道。

最后是系统性，这是付费内容的核心竞争力。为用户设定一个清晰的内容规划，既能让用户对社群推出的内容时常抱有期待，也能让用户对学过的内容有明确的回顾清单。

例如，"黑马会"社群的App"黑马学吧"为用户提供了多种内容服务，包括短视频、直播、公开课、付费课程、免费课程等，如图8-10所示，而且对直播课程进行了时间预告和回看提示，如图8-11所示，还设置了"已购"选项，让用户可以随时复习已经购买的课程，体现了专业性、稀缺性和系统性。

图8-10 "黑马学吧"首页　　　　图8-11 "黑马学吧"直播课程

（2）量化的预告和总结

不仅知识社群要将量化的预告和总结作为必不可少的评估手段，其他任何社群都应做到量化管理。

① 量化的预告。预告就是要为用户提供课程清单或知识服务清单，具体到每天、每周、每月都要为用户提供什么内容，用户可以获得哪些收获等。让用户在付费之前就做好心理准备，知道在什么阶段干什么，这样能够保证最好的学习效果。图8-12所示为咪蒙在其公众号中公布的"咪蒙教你月薪5万"课程清单。

尤其是对于直播分享、课程答疑、作业提交这种对学员时间要求较高的服务形式，一定要提早确定好时间并通知到位。对用户来说，阶段性评估会使学习效果更加显而易见。

② 量化的总结。量化总结包括用户总结和讲师总结，并且要将两者分开进行。讲师对每次课程都要进行总结，包括提炼知识点、金句、课堂体验等，这样可以逐渐积累形成该讲师的系统评估。用户的总结则以课堂活跃度、课程反馈、日常打卡、作业提交、用户交流为重点。图8-13所示为"旁门左道"公众号内置的"旁友圈"社群，图8-14所示为学员在"旁门左道"提交的作业。

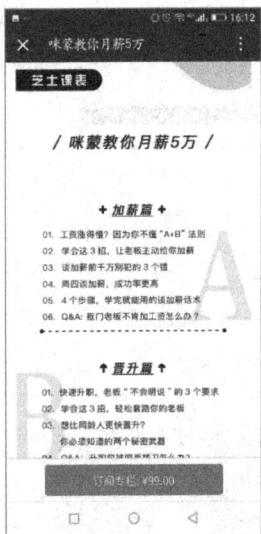

图8-12　咪蒙"教你月薪
5万"课程清单

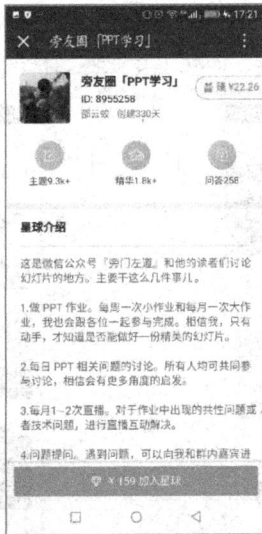

图8-13　"旁友圈"社群

图8-14　学员在"旁友圈"
提交的作业

（3）抓住用户心理弱点

知识焦虑源于和同事、亲戚、同学、朋友的比较，这是人的基本心理。主动加入知识型社群学习的人，知识焦虑的心态比其他人会更加严重，其实这也是用户心理弱点的一种体现。如果能在文案、课程中反复提醒，反复告知他们通过课程可以获得的收获、他们的学习进度、他们超越了同龄人多少，或者是学习课程的人发生的变化，为用户提供一些榜样，都能有效缓解用户的焦虑心理，也能起到很好的推广效果。

图8-15所示为"新东方思思大王"周思成在微博中宣传的个人英语课程，其中重点突出了学习之后口语能力的提升效果。

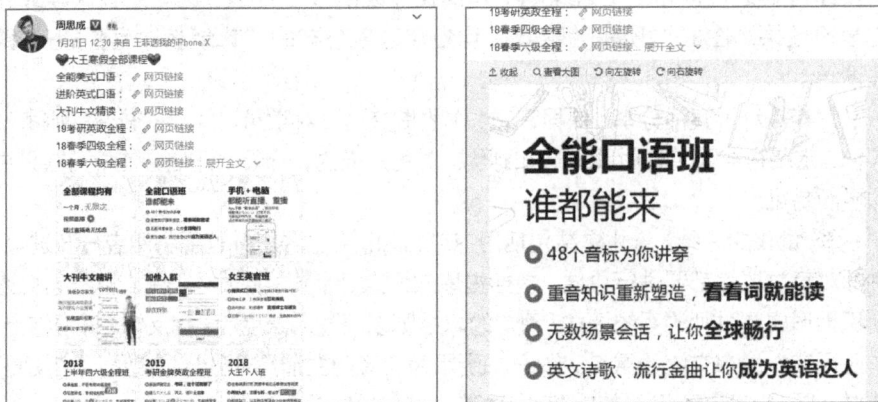

图8-15　周思成英语付费课程文案

① 增强仪式感。生活中需要仪式感的情况非常多，如节日、结婚、毕业、生子……仪式的作用在于让人们得知这件事的重要性，并铭记某个时刻。其实学习也一样，发朋友圈、合影、聚餐、专属海报、特别奖励、证书等，这些都能为用户带来仪式感。

为用户制造一些仪式感，让其觉得学习很重要，并给其留下深刻的印象，这样能让用户从心理层面感觉自己通过这次学习获得了很大的收获。因为他会清楚地记得在学了多少课以后发了一个朋友圈，完成了几次作业之后获得了一个证书。

② 提供安全感。缺乏安全感是知识焦虑的另一个层面。很多人是因为担心被人甩在后面才疯狂地学习，或者看到别人在学习，就觉得自己也应该学点儿什么，因为觉得自己无所事事时特别没有安全感。这时就要打造好社群的学习氛围，为用户提供及时的帮助，让他们在引导下慢慢地前进，感受到自己的进步，这会让他们习惯并爱上这种状态。

③ 营造期待感。当一个新阶段的学习即将开始时，要注意为用户营造期待感。为了让社群保持长久的活跃度，可以为用户设定一些奖励措施。例如，作业排名前几的退还部分甚至全部学费，连续两个月打卡分享的可免费学习下一期的课程等。这样有利于让社群成员自主地活跃起来，也会大大增强整个社群的活跃度。图8-16所示为"扇贝单词"为成员推出的"365计划"奖励。

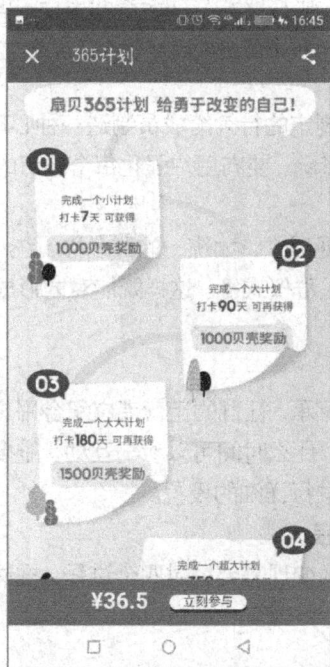

图8-16 "扇贝单词"推出的"365计划"奖励

8.7　非金钱变现，社群价值的体现不局限于金钱

很多人认为社群变现就是简单的卖货收钱，于是他们会考虑社群的转化率、支付率等，其实这些人忽略了社群变现最有价值的方向——非金钱变现。如果一味地想从社群成员身上获得金钱回报，对于社群后期越来越难的用户获取来说，无异于杀鸡取卵。其实，加群、互动、分享、评论、推荐、合作、裂变这些有益于社群的行为都属于社群变现。所有对社群链接和裂变有利的行为都是非常关键的，都可以称作社群变现，都是社群价值的体现。

1. 非金钱变现的基础

用户与社群的情感连接是非金钱变现的基础。做好用户与社群的情感连接可以从以下方面入手。

（1）打造参与感

参与感是为了让用户深入地参与到社群中去，深刻地了解社群的详细情况，知道如何向别人介绍社群。打造参与感的关键在于与用户互动，有价值的互动是保持社群活跃的最好方式。

互动分为线上互动和线下互动。对于核心用户，一定要注重线下体验。虽然借助移动互联网可以很容易地找到价值观相近的伙伴，但如果没有见面的机会，彼此很难产生信任感。只有和企业形成强互动关系的用户，也就是通常所说的"铁粉"，才会愿意帮助企业传播产品和内容。

（2）制造仪式感

仪式感就是通过各种规定的行为给成员制造一种心理暗示，让他们知道我们是正规、专业的，不是在闹着玩。要向用户强化每个环节的重要性，暗示用户必须要给予重视。

仪式感可以有多种表现形式，如统一的群名称、统一的群昵称、统一的口号、统一的身份标识、统一的入群仪式等。这样既能对内形成强认知，对外又能产生统一宣传的效果。

（3）设定节奏感

节奏感与仪式感一脉相承。社群的运营者应配合用户的作息时间，了解用户在什么时候更容易吸收信息，什么时间可以参与互动，能接受的互动的量有多少、深度是多少等。这些都需要进行详细的设置。

2. 非金钱变现的流程

一般来说，社群非金钱变现需要经过四个过程：推送软文、成员拉新、群组织体验与情感关怀。

（1）推送软文

推送软文是拉新的基本方法，它贯穿于社群运营的各个环节。软文既可以为社

群提供内容分享，又有活动促销的作用。可以说，好的软文是引流的前提。

（2）成员拉新

拉新人入群时要注意做好实名认证、交换名片、了解对方需求等工作。只有构建了清晰、精准的用户画像，才能更好地为其提供服务。

新人入群后，要对他们进行分类，如哪些人应该给予他们深切的关怀，哪些人应该冷静对待，哪些人可以不理不睬。同时，还需要对成员进行定位，区分出利益相关者，如哪些人是直接付费者，哪些人是帮助社群引流的合作机构，哪些人是潜在的竞争对手，针对不同定位的成员采取不同的应对方案。

（3）群组织体验

这个环节需要提前做好设计，并且需要长期的经验积累。为了给成员带来优质的体验，社群需要做好精细化运营，对进群方式、公告撰写、特别提示、互动规则等各个环节进行详细的规划。

例如，开展一次线上分享，首先要设定主题，提前三五天就要发布公告。在分享开始的前两天，针对分享主题将群成员的问题进行汇总。分享的当天，提前两小时进行预热。分享过程中，鼓励成员积极发表观点。分享结束后要进行总结，包括分享效果、成员收获等。这样做既能节省时间，又能让大家清楚地知道分享活动的具体流程，知道什么时候应该做什么事情。

（4）情感关怀

很多时候一件小事就能让人与人之间形成情感连接。如果社群能给予用户足够的关怀，让用户觉得自己受到了社群的关注和重视，他就会更加积极地参与到社群中，并且对社群组织者和社群产生感情。除了日常答疑外，还可以通过节日问候或者趣闻分享对用户表示情感关怀，这些方式都可以产生很好的效果。

3. 做好非金钱变现的关键点

要做好社群非金钱变现，需要注意以下几个关键点。

（1）切忌过分活跃

过分活跃是导致很多社群死亡的原因，这又称作"劣币驱逐良币"现象。有些人加入社群只是为了刷存在感，建立社交网，于是就一直在群里聊天、"灌水"，这些做法不会对社群产生任何价值。并且有第一个人带头，后面就会有越来越多的人效仿，而社群运营者又不去制止，这样就会导致社群过分活跃，社群中真正有价值的信息被掩盖，加快意见领袖或核心成员离开社群的步伐。

（2）开展精细化运营

社群运营要服务个体，不要控制群体。我们可以采取积极调研的方法，每次做完分享后，将分享的所有内容沉淀下来，然后私信给所有成员，并确保他们能接收到。社群运营者面对的是不同的个体，而用户关注的永远是自己，他们永远有没被满足的需求。这就要求在用户答疑、沟通、活动通知等环节，社群都要做到极致。

（3）建立信任基础

在免费时代，大家都可以用免费的模式来获取流量，然后实现变现，但在这种大趋势下我们要体现出自己的不同。例如小米，它用手机告诉大家自己的产品性价比非常高，之后它推出的其他产品同样也代表着高性价比，于是小米就从原来的手机单一产品发展到小米族群。那么，小米为什么要生产性价比高的手机，甚至不赚钱也要做这个事情呢？原因很简单，就是为了获取第一层的信任。

其实社群变现并不困难，只要认真地做好服务，成员对社群产生了信任，你推荐的任何一款产品他都会愿意去尝试。即使他没有尝试你的产品，也会接受你对产品的介绍，当你介绍完产品之后会对你做出反馈，会告诉你如果这个产品满足了什么条件，他就会选择购买，这样就能帮助你更好地打磨产品。

8.8　以品牌、资源与合作来挖掘社群长期价值

前面介绍的几种变现方式基本上都是将群成员当作被攫取的对象，将他们当作局外人，视他们为社群变现的主要来源。这与社群独立平等、互相协作的本质是矛盾的。社群与社群经济是当前的一大风口，如果目光过于短浅，只看到眼前利益，透支式地对社群进行短期变现，无疑会对宏观的社群发展环境造成污染。

因此，我们必须转变视角。既然社群是有着共同目的和价值观的人的聚合，那么群成员与群主就不应该是对立的。也就是说，我们应当把群成员当作团队或组织的一分子，在这种理念的带领下进行社群变现将会发展出更具价值的社群商业模式。

1. 品牌传播

社群自身就是一个品牌，由社群延伸出来的具有个性的产品和服务更是一个品牌。所谓通过社群进行品牌传播，就是由作为社群一分子的群成员发挥作用，去传播"属于自己"的内容，宣传"属于自己"的产品，这就是一种高质量的口碑宣传。

很多自媒体的内容正是通过粉丝的自发传播而得到疯传。事实上，这部分主动传播内容的自媒体粉丝，在心理上已经自动结合成了一个以自媒体调性为中心的社群。因为他们知道这些内容写的是自己，里面有自己的气质，有自己的参与。如果松散的自媒体粉丝都能做到自发地进行品牌传播，那么高黏性的社群成员就更能做到，毕竟社群品牌本身就是社群成员自己参与打造的结晶。

当然，要想让群成员自发地传播品牌，需要做好以下两点。

一是社群品牌必须要做到精准地贴合群成员。由于社群成员本身具有高精准和高互动的特征，因此社群品牌所针对的目标用户是很清晰的，做到贴合群成员是非常容易的。

二是社群运营人员要精心设计，为成员提供超出他们期望的惊喜感，让成员产生不吐不快的冲动，如"罗辑思维"组织的"吃霸王餐"活动，对群成员来说就是极大的惊喜，让他们在自己的朋友圈中有了炫耀的资本，社群品牌也得到了广泛的传播。

总之，我们要通过精准的"种子"群体和超乎预期的活动体验，打造社群病毒式品牌传播。我们应该认识到，社群的商业价值不只是变现，如果社群的自有品牌能够得到"自来水"式的传播，将是比短期变现更有意义的事情。

2. 资源分享

克莱·舍基的《认知盈余》告诉我们，除了工作以外，人们的自由时间存在着巨大的盈余，人们应该学会如何更加建设性地利用自由时间来从事创造性活动，而不仅是消费。通过这种创造性的活动，可以将单个人的平庸变成群体的卓越，这便是共享经济的来源。

事实上，只要是人与人之间存在着差异化的互补，这些互补都可以被看成是一种盈余，都可以被共享而创造出更大的价值。

共享经济是未来的趋势，而社群是最适合共享经济的组织形式。我们知道，群成员通过社群连接在一起后，交换资源成为成员之间最原始、最简单的合作方式。由于群成员的深度连接，资源互换将会进入一个更加广泛和深入的层面，这将是社群的巨大商业价值。而如果能配合一些在线社群工具，这种资源互换的效率将会得到更大的提升。

对于社群来说，这种资源互换可分为群内互换和群外互换。群内资源互换发生在群成员之间。如今互联网的发展（如在线社群工具）极大地突破了资源交换的限制，让资源产生了巨大力量，如"正和岛"人脉社群将企业家联合起来互换资源，就产生了巨大影响力，如图8-17所示。所谓群外资源互换是指人们通过社群组织起来后，还可以利用集体势能向外置换资源。再以"正和岛"社群为例，岛邻（会员）没有的资源就嫁接外部资源进行互换。"正和岛"所组织的"约局"，就是这样的理念。

此外，著名的"邓巴数字"指出，人类智力允许人类拥有稳定社交网络的人数是148人，四舍五入大约是150人。"邓巴数字"的前提是人脑会受到限制，而如今借着互联网的飞跃式发展，人们的人脉关系可以实现"外化分布式"的存储，而不必仅仅依赖于人脑，在需要时组合调用即可，这使我们的人脉数远远超出了"邓巴数"字。在这样的背景下，"人脉盈余"便产生了，社群将催生出以"人脉"为核心的商业模式，如图8-18所示。

图8-17 "正和岛"人脉社群

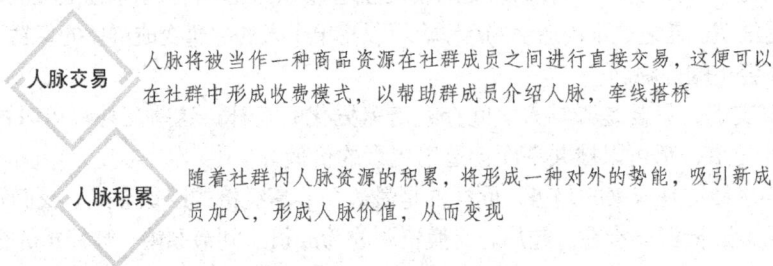

| 人脉交易 | 人脉将被当作一种商品资源在社群成员之间进行直接交易，这便可以在社群中形成收费模式，以帮助群成员介绍人脉，牵线搭桥 |
| 人脉积累 | 随着社群内人脉资源的积累，将形成一种对外的势能，吸引新成员加入，形成人脉价值，从而变现 |

图8-18 以"人脉"为核心的商业模式

因此，从本质上讲人脉的价值在于资源的互换，人脉如果不能带来资源则毫无意义。总之，我们可以通过社群连接内外部资源以进行互换，利用人脉盈余创造社群资源连接和交易价值。

3．协同生产

对人的盈余的利用，不能仅限于分享互换，还应有更深层次的合作，于是社群成员之间的协同生产就有了可能。

其实人的盈余是全方位的，除了认知盈余，还有智能盈余、经验盈余、技能盈余等。群成员通过社群的组织连接，使自己与陌生人有了可以合作的可能。这让他们可以充分利用彼此的盈余价值，共同协作生产出有价值的东西，如借助一些互联网手段，维基百科利用人们的知识盈余完成了词条的撰写。又如，"罗辑思维"通过粉丝的协同生产做月饼，这其中的商业价值自然不必言说。

协同生产触及了社群存在的本质，它可以让成员生产内容、产品、服务，还可以让成员协同完成一些更加重大的任务。因此，协同生产将有可能是社群最具商业价值、最为诱人的地方。

总之，社群运营者可以通过制定简单规则，全方位利用群成员的各种盈余，组织群成员进行协同生产，完成超乎想象的商业行为。

【课后习题】

1. 你参加的社群有哪些已经实现了商业变现？它们的具体变现方式是什么？
2. 简述如何做好社群的非金钱变现，如何挖掘社群的长期价值。

9

第9章
运营分析，用数据解析社群运行状态

【学习目标】

➢ 了解导致社群消亡的原因。
➢ 掌握延长社群生命周期的技巧。
➢ 掌握社群KPI的类型及设置方法。
➢ 掌握社群数据化分析的内容和基础指标。

随着社群热度的下降，导致社群获取目标用户的难度不断攀升，这要求社群运营者进行精细化运营。这时就需要对社群进行数据分析。

9.1 警惕！六大原因导致社群消亡

互联网时代成立一个社群并非难事，几个志同道合的人建立一个群，商讨并确定一下目的和章程，再扩大范围邀请成员，社群也就成立了。社群创建之后，运营者自然会考虑将其做大、做久，延长社群的生命周期，甚至是创造出新的社群生态。但是，很多新建的社群生命周期非常短，有些社群的新鲜期只有一周，随后就陷入了沉寂，渐渐沦为死群。那么，到底是什么原因导致社群消亡的呢？以下总结了六大原因。

1. 定位不清晰

定位不清晰是导致社群消亡的第一个原因。很多社群都缺乏一个清晰、明确的定位，主要表现在三个方面。

（1）没有设定入群门槛

没有设定有效的入群门槛是社群缺乏定位的第一个表现。什么人都可以入群，结果导致一个群里既有"大咖"，又有新手；既有高度认同社群价值观的人，又有对社群价值观持怀疑态度的人。将不同层次的人混杂在一起，就可能发生以下现象：很多人一看到某个"大咖"也在群里，就马上请求加好友、求链接，很多"大咖"就是被这样骚扰走的。

但是，任何组织都需要经常换血，如果群里的成员长期没有更新，没有新鲜血液的输入，也容易导致群的沉寂。因为新人的进入能为群带来新的活力，进而带动群的氛围。

这就需要掌握一个设置入群门槛的度。一般来说，一个群在入群阶段设置的门槛越高，群成员的流失率越低。例如，有的群要求必须付费才能进入学习，这样的付费机制反而让群员更加愿意遵守规则，维护学习秩序。

（2）社群的成立未经过规划

有些人在组建社群时并没有经过系统的规划，认为只要把人聚集起来就行，于是他们快速拉了很多人入群，但大部分入群的人并不清楚入群理由，结果这个群就成为群成员随意聊天的场所，彻底偏离了建群的最初目的。如果整个群缺乏共同的话题连接，要么变成一个死群，要么变成一个"灌水"群。

还有一些人从一建群就投入广告宣传，丝毫不重视社群成员的体验，这样的社群俨然成了广告群。接下来，自然就会有社群成员退群，而社群就会陷入不断拉新人进群，老成员不断流失的恶性循环中。

如果创群之前对群的主体、定位、分享机制等没有一个通盘的考虑，大家入群后发现群内没有符合自身要求的话题和分享，只有一些人在群里自我表现，一段时间后群成员自然会失望，觉得待在群里浪费时间，影响工作，退群是必然选择。

缺乏清晰定位的社群是无法长久存在的，因为社群成员无法形成共同的目标，自然也就无法获取自身想要的东西，那这样的社群还有意义继续存在吗？

（3）有定位，但不能长期保持

有些群在创建之初倒是有明确的定位，如邀请"大咖"到群里做分享。大家临时组建了微信群，但"大咖"做完分享后就离开了微信群，随后微信群再也没有共同的活动，于是群成员就失去了共同联系，但组织分享的社群运营方又不舍得解散这些微信群，希望将这些群保留下来将来继续运营。这些没有定位聚焦的群即使保留了下来，也会由于群成员缺乏共同联系而逐渐丧失活力。

2. 缺乏群主管理

缺乏规范的管理规则是导致社群消亡的第二个原因，也就是说社群应该设置有影响力或热心的群主或群管。

社群不可能是一个完全自组织，一个社群如果没有群主或管理员主动组织话题、发起活动、维护群秩序，很容易变成广告群、"灌水"群。群主设置有效的群规则，如发言规则、分享规则、奖惩规则、淘汰规则等，有利于维持社群的健康秩序。既不会让广告、闲扯影响到群成员的正常工作和生活，又能让社群保持应有的活跃度。

此外，社群还应该形成一套自运行、可复制的机制。有的社群活跃度很高，是因为群主本身有点威望，而且愿意花精力去打理，所以能够维持这样的活跃度。但是，当建立两个群、三个群、四个群时，群主就分身乏术了，只好招募一些志愿者进行社群管理，从此社群就开始变味了。有些管理员只是为了活跃而活跃，整天搞些无聊的事情，忘记了大家聚在一起是为了获得价值，而不是打发时间。因此，要想使社群形成规模，该社群就必须体系化，有一套自运行、可复制的机制。

3. 群主过于强势

在社群规模扩大以后，有的群主为了管理群，避免成员"灌水"、发广告而制定了严格的群规，但这些群规带来了反抗，因为人们不喜欢在网络组织中受到太多的约束。例如，很多群主希望群里能多一些"干货"，少一些闲聊，因此禁止成员发表与主题无关的言论，但有的群员就不认同这种规则，他们认为在群里只聊专业话题缺乏趣味性，群里面应该有一些轻松、活泼的内容来活跃气氛。

大部分群主认为群的氛围是可以轻松、活泼一些的，但轻松、活泼需要有一个度。群的规模越大，这个度就越难把握，直到群主不得不依靠严格的群规来约束成员。群规的形成，最好经过群成员的共同讨论并达成一致，这样成员才更愿意去遵守。如果群主想要推出强势的群规，那么群主就必须拥有比群成员更高等级的影响力，这样他推出的群规才能使成员心服口服。

当然，强调民意的组织纪律比强调个人权力的规则更容易让人接受，这种群的寿命也更长。

4. 缺乏有效的激励机制

一个优质的社群离不开三个要素：好的激励制度、内容创造者，以及优秀的群管理者。而目前基本上所有的社群内容创造者都是社群组织者，群成员输出的优质内容基本上零零散散，无法支撑社群的内容运转。造成群成员创作意愿低的一个主要原因就是社群缺少一种有效的激励制度。

激励需要实实在在，而不是简单的几句客套话。社群应该针对内容创造者、群管理者、活动发起者、其他群成员设计一个清晰的价值闭环，给做出贡献的人以足够的诱惑和激励，让大家有互动，有做出贡献的积极性。

5. 缺乏固定活动

定期活动是活跃社群氛围、不让成员感到乏味无聊的有效方法。其中，定期分享活动是最佳方式。最常见的就是由群主提前与群成员沟通协调，每周规划1～2个主题，邀请不同的群成员或外来嘉宾在群内做分享，在约定的1～2个小时内让大家围绕主题一起交流讨论，这样也能让大家有一种"集体创作"的感觉。

如果群的规模超过了40人，却没有一个固定的形式将大家组织起来，社群成员没有定期的互动、讨论、协作，彼此没有熟知度，就不会产生凝聚力和归属感，最后这个群肯定无法逃脱衰退的命运。而固定的分享活动能让社群成员在社群中产生一种身份认同：在这个社群中，我是什么样的人，我发挥着什么样的作用。这种身份认同就是社群成员愿意留在社群的重要理由，一旦这种身份认同消失，成员很可能会选择离开社群。

如果社群的规模较小，大家集中在一起是因为有共同的兴趣，彼此认同，愿意在一块儿聊，即使没有固定的分享方式，社群也能保持活跃度，其生命周期也可以很长。

6. 社群价值消亡

有些情况是社群运行得很好，但社群成员的需求发生了转变，社群所提供的价值已经无法满足社群成员的需求了。要知道，社群成员的需求不可能是一成不变的，当成员需求发生变化而社群没有做出相应的调整时，社群价值就会下降，社群成员选择离开在所难免。

9.2 防止社群终止？你需要五大高招

社群运营者的手中往往掌握着大把的微信群、QQ群、微博账号等，他们整天在群组里发公告、带话题、发红包、组织活动活跃气氛，忙得不亦乐乎，但最终却成功者寥寥，相当大一部分社群难逃厄运，死群、水群、广告群比比皆是。这表明社群在争抢用户时间的赛道上，狂刷存在感已经不再适用。那么，如何做才能防止社群终结呢？

1. 反思用户需求变化，调整社群定位

伴随着互联网飞速的发展，用户需求也在不断地发生变化。一旦社群出现终结的征兆，运营者首先要思考的是社群的模式和定位是否还符合用户的需求。如果社群已经无法再满足用户的基本需求，或者用户对社群的需求已经丧失，那么再做什么都是徒劳的。

（1）低频次社群

诸如驾考、英语等级培训之类的社群，考试结束后社群对成员的意义便会丧失，用户的关注度降低，自然容易终结。此时为了维护社群的生命力，可以针对同一批次考试的用户开发考后维护，如驾考社群可以开展"老司机"经验指南沙龙、教练带路自驾游等活动，英语等级培训社群可以开展非洲志愿者招募、来华留学生"单身趴"等活动。社群的定位要根据用户目标的转移而及时转变，这样

社群才能保持活跃度。

（2）功能被替代的社群

"一块听听"（见图9-1）、"千聊""知识星球"等应用的出现，让一些"大咖"分享类社群真切地感受到了彻骨的寒意——"大咖"不断被挖走，成员不断流失，社群活跃度日趋低迷。之所以会出现这样的情形，主要是因为这些应用在宣传、功能实用性、专业化服务、盈利等方面具有更大的优势。诸如此类还有被KEEP、微信运动替代的健身社群，以及被"扇贝"替代的英语单词社群等。

图9-1 "一块听听"首页

此时，这些功能被替代的社群如果再局限于微信500人群以及不那么人性化的操作，确实前途堪忧。要想继续发展，或者转变社群定位方向，或者是创建自己的平台，或者是加入大的平台。

2. 学会淘"沙"，保证用户精准

越不活跃的群死得越快，越"水"的群跑偏得越远。因此，要想保证社群的活跃度就要学会筛选有效用户，不断地优化社群结构，通过活动一次次地将用户进行分流，将活跃度高的用户集中在一起。保证头部效应比守着一堆死群要有效率得多。可以将那些被筛掉的"沙"用不同类别的活动再次进行激活、重构，保证相似属性的人聚在一起，提高整体黏度。

通过一次次精确的分流，把大池子里的用户放到最合适的位置，这样更便于管理，提高变现可能性。

3. 争抢时间，瞄准线下"深交流"

移动互联网时代，线上信息过载，用户把更多的时间都投入到头部应用上，无暇顾及其他，即便是相互之间有交流，大多也是蜻蜓点水、浅尝辄止。对于那些真正有所需求、渴望成长的用户来说，这种线上"浅交流"已经变得越来越没有价值。过去可能觉得能够与千里之外的人聊天是一件很了不起的事，而现在只会让他们觉得浪费时间。此时面对面的"深交流"便成为缓解网络时代社交恐惧的利器。

对于社群运营者来说，应顺势而为，瞄准线下"深交流"，多组织一些活动，尽可能多地抢占成员的时间，使其更多地参与到社群的建设中来。如此繁忙的城市精英们，能专程赶来参加线下活动，无疑是对社群高黏度最好的证明。作为社群运营者，更多地与社群成员进行面对面的交流让他们更深刻地了解成员，提高成员对自己的信任。

4. 创新活动形式，让人耳目一新

无论是何种形式，只要组织活动就要付出成本，无论是资金方面还是人力方面。而从成员角度来说，参加活动也需要付出成本，无论是时间还是精力。因此，质量差的活动所造成的不良影响在于打击高黏度成员的积极性，影响社群口碑。

正是因为在开展活动时社群和成员双方都要付出成本，而且活动失败的代价极高，因此活动的举办要慎而又慎，精而又精。大到全社群集会，小到抢红包、线上话题，不能照搬他人模式，而是要结合自身社群的特点，创新活动形式，让人耳目一新。例如，在红包接龙中打破常规，手气最好的不用发，而让第五个抢到的发，想方设法地增加活动的趣味性。

5. 点到为止，目的明确

所谓"君子之交淡如水"，有些事心里明白，就没必要敲锣打鼓地整天挂在嘴上。社群氛围也是如此，并非分分钟发言人数达到99+才是优质社群的标准，有活动、有话题、有需求时大家积极参与即可，无须从早到晚想方设法地活跃气氛。社群交流解决重点问题，剩下时间让大家相安静好即可。

9.3　KPI，社群运营质量的衡量标准

所谓关键绩效指标（Key Performance Indicator，KPI），是指通过对组织内部流程的输入端、输出端的关键参数进行设置、取样、计算、分析，衡量流程绩效的一种目标式量化管理指标，是把企业的战略目标分解为可操作的工作目标的工具，是企业绩效管理的基础。

KPI可以使部门主管明确部门的主要责任，并以此为基础确定部门人员的业绩衡量指标。建立明确、切实可行的KPI体系是做好绩效管理的关键。关键绩效指标是用于衡量员工作绩效表现的量化指标，是绩效计划的重要组成部分。

KPI法符合一个重要的管理原理——"二八原理"。在一个企业的价值创造过程中，存在着"80/20"的规律，即20%的骨干人员创造企业80%的价值；而且在每一

位员工身上"二八原理"同样适用，即80%的工作任务是由20%的关键行为完成的。因此，必须抓住20%的关键行为，对之进行分析和衡量，这样才能抓住业绩评价的重要核心。

1. 什么样的社群需要设置 KPI

从社群的规模上来说，规模较小的社群存在较多不确定因素，引入KPI制度反而会降低效率，所以一般不建议规模小的社群采用KPI制度。而对于规模较大的社群来说，由于人数庞大，如果不采取目标考核管理方法，社群的运营就会比较困难，所以大规模的社群可以考虑设置KPI。

从中不难看出，社群应该根据自身的需求来确定是否设置KPI。KPI只是达到目标的一种工具，社群运营设置KPI是将社群战略目标进行了进一步的细分和发展，其最终目的还是为了达到社群的发展目标。

社群运营有一定的生命周期，在不同的发展阶段，社群的目标也有所不同。当社群运营的重点发生转移时，KPI也需要同时进行修改以适应社群新的战略目标。

社群在初期（第一阶段）常见的基本战略目标是提升用户黏性和建立自有传播渠道，这种目标无法用简单、粗暴的KPI来考核。因此，社群运营的第一阶段无须设置KPI，但该阶段要有明确的目标和简单的运营数据分析。

有的社群以项目驱动，以产出质量来衡量社群的运营是否达到了预期目标，他们清楚地知道应该采取何种行动能够达到目标，所以无须再设置KPI作为辅助手段。例如，"秋叶PPT"团队的工作模式是合作开发在线课程，他们将课程的质量作为考核回报的标准，并没有设置KPI。

有的社群工作团队存在无序、信息不对称等情况，同时又存在商业利益分配的问题，所以为了保证社群管理者做到公平公正、不暗箱操作，并让社群核心成员认可管理者的管理工作，就需要设立KPI这种具备一定主动性的、契约式目标管理制度来提高成员的执行力并控制管理成本。

2. 社群 KPI 的类型

最常见的社群运营KPI可以分为结果导向性和过程导向性两大类。其中，结果导向型KPI包括用户新增量、活动参与度、转化率、复购率等，过程导向型KPI包括活跃度、活动频率等。

（1）用户新增量

用户新增量是指社群用户增长量或者平台用户增长量，它是考核社群运营的最基础的指标。如果一个社群长期没有新用户加入，那这个社群离死亡就不远了，甚至是已经死亡。

存在的问题：

有的社群过于看重用户新增量，采取各种方法为社群"拉粉"。虽然社群的粉丝数量有可能会上升，但大多是一些无效"僵尸粉"，对社群的发展并没有帮助。

还有一些公众号为了"吸粉"，过度使用"标题党"的手段，文章内容与标题完全无关或联系不大，给用户的使用体验造成了不良影响。结果不但不能为公众号"拉粉"，还让很多旧用户取消了关注。

（2）群活动频次

组织活动是提升社群成员对社群认可度的有效手段，因此，是否定期组织活动是评估社群运营规范与否的另一个标准。

存在的问题：

有些社群为了活跃社群氛围，没话找话，讨论一些"没有营养"的话题。这样做不但没有多少成员参加讨论，使社群气氛得到活跃，反而会让人觉得群里充斥着垃圾信息，让人感觉很烦，只能选择屏蔽或退出。

（3）活动参与度

社群只有活动是不够的，还需要对活动的参与度进行评估，如社群活动是否引起了成员的积极参与、成员在活动中是否保持一定的活跃度等。

存在的问题：

很多活动都会将朋友圈点赞数作为指标，但这种方法并不十分合适，这容易导致朋友圈信任被透支。回想一下自己遇到的情况，当你收到"请你为我的朋友圈第一条点赞吧"这样的信息时，你勉强点完赞后真的会对朋友产生好感吗？一段时间后，你也许对点赞内容根本就没有任何印象了。因此，这种点赞活动往往会被潜在用户认为是一种骚扰。

（4）转化率和复购率

如果社群存在商业化产品，可以将产品转化率和复购率作为指标。产品转化率高表示社群能收到回报，复购率高则表示社群能获得稳定的回报。

存在的问题：

有的社群运营者还没有培养出用户黏性，也没有想好用何种产品去做转化，就盲目地推出产品，并且为了实现转化率和复购率对产品进行大规模的推广宣传，要求成员购买。这种做法非常容易引起用户的反感，往往事与愿违。

3. 如何设置社群运营 KPI

用户新增量、群活动频次、活动参与度、转化率和复购率作为社群运营KPI均存在一些问题，那么究竟应该如何设置社群运营KPI呢？

（1）社群运营应以过程导向为主而非结果导向

在社群运营中，KPI只是衡量社群运营质量的关键指标，而不是管理社群运营过程的工具。KPI只能作为评估社群整体战略目标进展情况的辅助工具，而不能作为评估社群日常工作量和效率的标准。

社群运营是一个尚未成熟的产业，所有人都还处于探索期。在运营过程中，过于强调结果只会让整个队伍陷入困境。所以，在社群运营时，可以先不考虑"转化率""复购率""活动参与度"等指标，而采用一些过程导向的指标，如"用户电访量""用户信息完整度""信息触达率"等，这些指标往往更具可操作性。在社群运营初期，应该将更多的精力放在了解用户上。

（2）KPI的设置需要由运营团队共同商讨决定

与企业KPI不同，社群KPI不能由社群运营团队的上级强行确定并下发，而应该经社群团队内部共同讨论达成共识而形成。社群内不能搞"一言堂"，不能以上压下，决策者可以先让运营人员自己拟定一个KPI，给出这个KPI的逻辑思路，然后决定是否采纳。

此外，不能搞普遍化的绩效考核，但可以对运营核心团队、有利益回报的人进行绩效约束。

（3）运营社群是想好了再做而非做了再说

在做社群运营时，切不可对运营规划一无所知，只是想方设法地往群里拉人。通常用户对"大咖"有一定的容忍度，愿意成为"大咖"的粉丝，但对一般人的容忍度就很低了，他们也许认为加入陌生人的群会给自己造成骚扰。此外，如果在社群运营之前没有定好社群的基调，运营一段时间后要想再改变社群的基调是非常困难的。

因此，在社群运营之初就应该先想清楚，如何设置整个游戏的规则，如何搭建用户价值闭环和自己的商业闭环。确定规则模式之后，先从一个社群做起，验证模式的可行性，模式可行后再进行大规模的复制。

总之，社群运营要有清晰的规划，要根据社群所处的不同阶段来灵活地设置KPI，如表9-1所示。

表 9-1 社群运营 KPI 设置

社群运营阶段		KPI 设 置
规则构建	从决策者到执行者进行头脑风暴，构建社群游戏规则	对成员思考方案的能力进行评分
用户分析	从决策者到执行者都需要进行用户洞察，验证社群运营模式的可行性	用户电话访问量、用户信息采集完整度
确定用户操作方案	让每个运营者说出自己对于用户的理解，并交换意见，通过讨论确定一套标准化、体系化的客户洞察操作方案	运营者对用户的理解能力评分
试点运营	信息触达种子用户并落实整个社群策划方案。例如，社群搜集完用户信息后可以举办各种线上、线下活动，逐步落实社群规章制度	活动通知的触达率、方案的执行力评分、活动频次
复制推广	社群运营模式成熟之后，可以进行大规模复制推广	用户新增数、转化率、复购率、内容质量评分、群健康度评分

以上的KPI也仅仅是一个参考，不同阶段、不同行业的社群KPI设置会有很大的区别，表9-1只是概括性地介绍了通用性的、社群从0到1的KPI设置步骤。

9.4 社群数据化分析，借助数据进行精细化运营

互联网用户运营，第一需求技能是"数据分析"能力，社群运营也不例外。通过社群运营实践和数据分析方法相结合，洞察社群用户画像、聆听用户声音、挖掘需求潜力，精准掌握社群参与度趋势、主题活动偏好，以数据驱动运营决策和方法迭代是社群步入精细化、专业化运营时代的必然要求。

9.4.1 社群数据化运营分析的内容

社群的数据化运营可以分成两个部分：一是社群本身的数据分析，二是社群对产品业务影响的数据分析。

1. 社群用户行为数据

社群用户行为分析的本质是通过统计用户在社群里的行为数据对用户进行分类，构建用户分层模型，然后运营者根据用户的不同特征对其进行精细化管理，刺激社群用户的活跃度。

用户在社群中相互交流、沟通的行为有多种表现，最常见的有加群、发言、发红包、分享、退群，还有接入第三方社群管理工具延伸的签到、购买和投票等行为。社群的运营目的不同，其用户行为也是不一样的。例如，视频类的社群用户行为就是分享视频，贴吧主要是分享链接。

通常来说，大多数社群用户行为主要包括访问、签到、发言、讨论、引导讨论和分享等。因此，社群的运营管理团队可以对每一类行为的用户数量进行统计，根据用户在社群里的行为建立用户分层（见图9-2），实现对社群用户分布情况的评估（见图9-3），掌握社群管理过程中的薄弱环节，并对其进行重点优化。

图9-2 社群用户行为分层模型

管理团队
意见领袖
讨论用户
发言用户
签到用户
总的用户数量

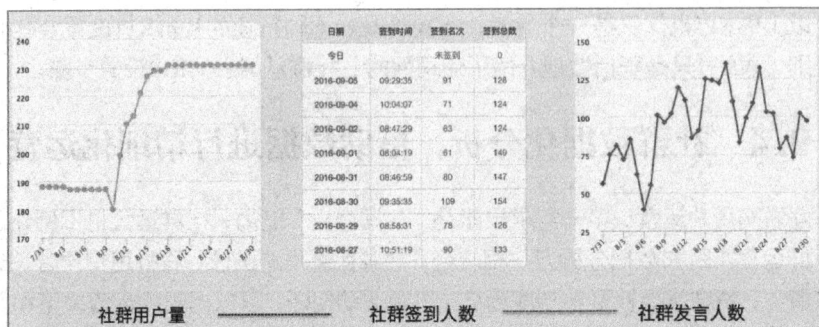

日期	签到时间	签到名次	签到总数
今日	未签到		0
2016-09-05	09:29:35	91	128
2016-09-04	10:04:07	71	124
2016-09-02	08:47:29	63	124
2016-09-01	08:04:19	61	149
2016-08-31	08:46:59	80	147
2016-08-30	09:35:35	109	154
2016-08-29	08:56:31	78	126
2016-08-27	10:51:19	90	133

社群用户量 ———— 社群签到人数 ———— 社群发言人数

图9-3 某社群用户行为相关统计

2. 社群用户内容数据

社群的用户行为分析是以用户行为的分类和统计为基础的,而用户内容分析则是对用户在社群里产出的具体内容数量、内容特征的数据反馈。

社区类产品对用户内容的统计项主要包括发帖量、评论量、点赞量和分享量,社群则主要是围绕发言进行数量、趋势、热力的分析,特定运营目的的社群还需要对特定时间段内的发言数进行互动统计,包含的用户内容数据如表9-2所示。

表 9-2 社群用户内容数据

用户内容数据类型	数 据 释 义
发言总数	统计周期内用户的发言数量
人均发言数	统计周期内用户人均发言数量,主要体现用户的黏性
用户发言榜单	根据每个用户的发言数将其进行排序,可以让运营者了解谁是社群里最活跃的用户
发言总数趋势	统计周期内社群成员发言数量的变化趋势,主要体现用户的活跃度
发言时间分布	统计周期内社群成员发言时间的分布图,让运营者了解用户习惯在什么时间段发言,哪个时间段用户比较活跃
有效内容输出	用于产品的内容和传播的内容

通过分析用户的发言时间分布、发言总数趋势,运营者可以快速地了解社群的运营情况和生命周期,轻松解决以下问题:什么时候发布消息送达率最高,哪些人是活跃的用户,哪些人是垃圾用户,用户最关心什么话题,聊得比较多的关键词是什么等。

3. 社群业务数据

对于纯兴趣类社群来说,一般做好社群用户行为数据和社群用户内容数据分析,即可清晰地掌握社群运营情况以及需要重点优化的环节。但对于与产品挂钩的社群来说,社群用户再多,社群再活跃,运营者最关心的还是社群的核心业务数据,看重的是社群对产品销售是否有推动作用。

因此,做社群的数据化运营,还必须要知道时间周期内社群对业务数据的提升效果。图9-4所示为几项社群业务数据。

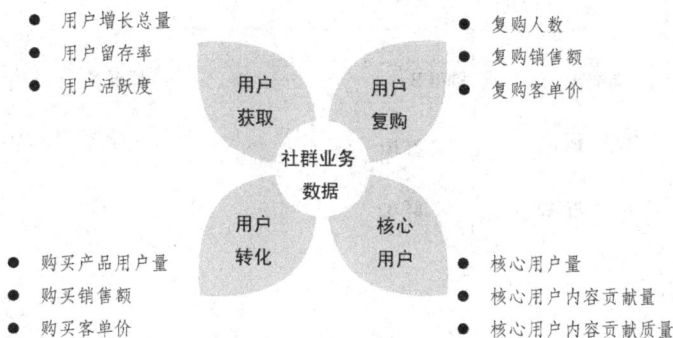

- 用户增长总量
- 用户留存率
- 用户活跃度

- 复购人数
- 复购销售额
- 复购客单价

用户获取　用户复购

社群业务数据

用户转化　核心用户

- 购买产品用户量
- 购买销售额
- 购买客单价

- 核心用户量
- 核心用户内容贡献量
- 核心用户内容贡献质量

图9-4　社群业务数据示例

以上业务数据可以帮助运营者了解社群对产品销售业绩提升的效果。例如，通过用户获取，运营者可以了解通过社群获取的用户，其留存率和活跃度是不是比其他渠道获得的用户的留存率和活跃度高；通过用户转化，运营者可以了解是不是社群用户对整个产品的销售贡献更大，社群用户转化成核心用户的比例是不是更高；通过社群购买产品的用户，客单价是不是比没有通过社群购买的高。

通过数据分析，能够进一步帮助运营者做决策。如果社群对产品销售有很好的推动作用，就可以投入更多的资源运营社群；如果社群对产品销售业绩的提升没有帮助，则需要考虑停止社群运营。

是否所有社群都要走电商化路线尚值得商榷，往往这也是一个矛盾点。如果社群不做业绩，不变现，那么社群就无法经营下去。如果仅仅是简单、粗暴地做电商，也容易加速社群的死亡。只有持续性地输出"干货"，同时有愿意为产品价值付费的成员，才能维持社群的商业闭环。

9.4.2　社群数据化运营基础指标

到目前为止，社群已经步入精细化、规模化、专业化运营阶段，但与App、Web、电商、公众号等运营相比，其数据化运营程度非常低，仍以人工感性操作为主，缺乏数据分析基础的决策支持，缺乏用户聆听和用户画像认知。

以目前应用最为广泛的微信为例，大多数运营者尚不能掌握自己社群的运营状况，如不能明确、清晰地指出社群增速如何，增长是否健康，社群用户参与度趋势走向怎样，各种社群主题活动、调动用户参与的效果分别存在何种差异，用户端自发产生了多少价值内容值得进一步分析挖掘等。

通常商业化、组织化的社群都是多圈群运营，较为大型的社群组织还会根据主题、地域等对群组进行层级分类。如果以微信群为单位，百群级别的社群，为了开展精准而有序的用户经营，社群通常会进行二级分类，如图9-5所示。

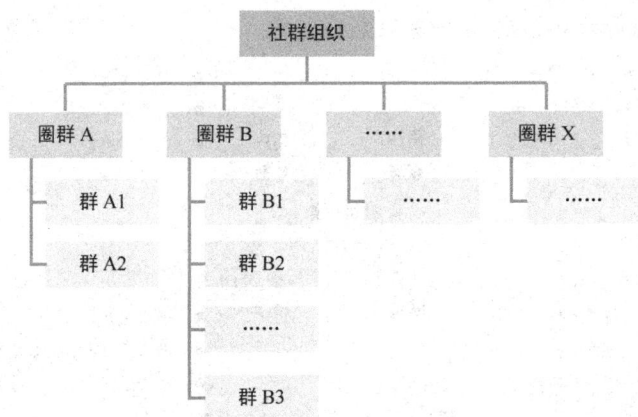

图9-5　社群组织圈群级别分类

以微信群为例，以下简要探讨社群数据化运营基础指标。与多样化、个性化指标相比，基础指标更具有广泛的"通用性"，并且更适合进行"标杆对比"。

1. 基础指标分析

社群数据化运营基础指标主要包括社群增长、社群参与度两方面的内容。

（1）社群增长分析

社群增长分析的内容包括用户数、入群用户、退群用户等，如图9-6所示。

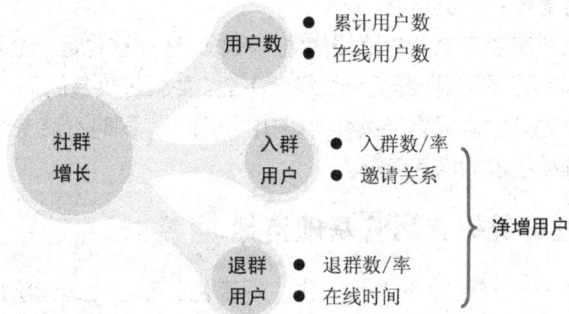

图9-6　社群增长分析指标

① 用户数。通常来说，中、大规模的社群都会采取多圈群运营的模式，相对于App、Web等渠道的用户来说，社群用户的流动更加频繁。一旦用户流失，即使之前记录了用户的联系方式仍旧难以再将其召回。因此，在社群拉新和活动集中的时间段内，社群一天之内用户的变化会非常明显。

用户数中的累计用户数是指累计接触了多少用户，在线用户数是指最终留下了多少用户。累计与在线用户数的差异代表了用户的留存和流失，运营者可以结合当期的运营行为和某日影响比较大的运营动作对其进行分析和优化。

　　② 入群用户。入群用户主要体现的是社群的拉新能力。其中，入群数/率是最直接的拉新效果指标；邀请关系是指结合社群某个时间段的运营行为和事件，进一步分析入群成员的来源，如运营拉新通过推广和内容推送等方式获得新成员；口碑拉新通过用户推荐获得新成员或新用户自发入群。

　　③ 退群用户。退群用户主要体现的是社群持续运营能力。社群不是单向广播、爆点式的运营工具，它更加看重的是持续价值运营能力。社群调动用户参与，形成用户黏性，激发口碑并不困难，困难的是做到"持续性"。

　　借助退群数/率，运营者可以了解社群运营的留存能力。在线时间体现的是用户在线时长。运营者通过对退群用户在线时长进行分析，了解退群用户是在什么时间点退的群，然后结合社群的运营行为和时间、事件进行组合分析。

　　④ 净增用户。净增用户体现的是社群健康增长能力，入群用户与退群用户之差即为净增用户。净增用户保持正向，即表示社群处于健康增长状态。

　　虽然净增用户是用户入群和退群综合结果的体现，但用户入群和退群背后反映的运营行为并不相同，甚至在一些组织内拉新和群内运营是不同的团队，因此需要对净增人数进行细化分析，以便采取针对性的优化措施。

　　（2）社群参与度

　　社群的传播模式不是一对多，也不具备弱媒体、强圈群互动属性。社群群组内部呈现一种网状传播形态，成员彼此间形成的是价值协作关系。一个只做单向广播的组织，即使是以微信群、QQ群形态存在，仍不能认为其具有社群价值的结构。

　　运营者可以通过互动用户和互动内容两项标准来衡量社群用户参与度，如图9-7所示。

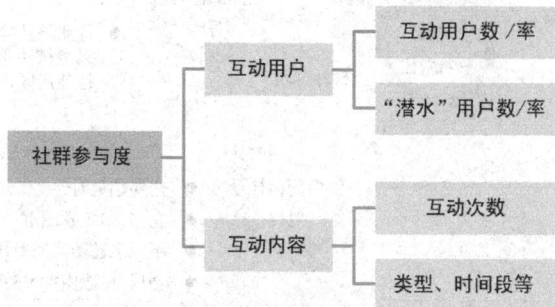

图9-7　社群参与度分析指标

　　① 互动用户。互动用户率是最基础且最易于进行标杆对比的通用指标，圈群维度可以对比到全局、局部圈群以及外部社群；时间维度可以衡量到周、月和重要的活动日。互动用户率是社群性质、目标用户群、规模以及运营策略、团队能力等

诸多方面的综合体现。

"潜水"用户可以分为两类，一类是社群的目标用户但没有参与互动，针对这类"潜水"用户可以采取一定措施将其激活；另一类则不是群的目标用户，可以选择放弃。

对于需要激活的用户，运营者要对用户的需求进行调研和分析。激活群用户不是简单的一对一的个体转化行为，如果目标用户"潜水"较多，则需要调整社群运营策略和行为。

② 互动内容。互动用户率代表有多少用户参与了互动，互动次数则侧重体现"用户参与达到何种程度"，反映了用户参与互动的积极性。

内容是社群比较重要的产出，除了运营者创造的内容，更多的价值在于用户生产的内容，这也是目前社群挖掘比较少、未来价值意义比较大的一块。

互动的消息类型包括文字、图片、链接、语音和视频等。通常文字类的信息需要用户投入更多的精力和时间。运营者要重视那些包含着巨大UGC（用户原创内容），通过对UGC的进一步挖掘，从中提炼用户需求、建议和投诉等信息，发现用户带来的行业、领域认知和新鲜主题。UGC的价值在于，不仅能对社群运营行为的迭代做出指导，还可能为企业的产品、服务做出有价值的输入。

2. 社群互动关键指标：标杆对比

这里的"标"是指"业绩标准"，"杆"是指"参照物"。标杆管理可以分为3种类型，即内部标杆对比、外部标杆对比、内外部综合标杆对比，方法如图9-8所示。

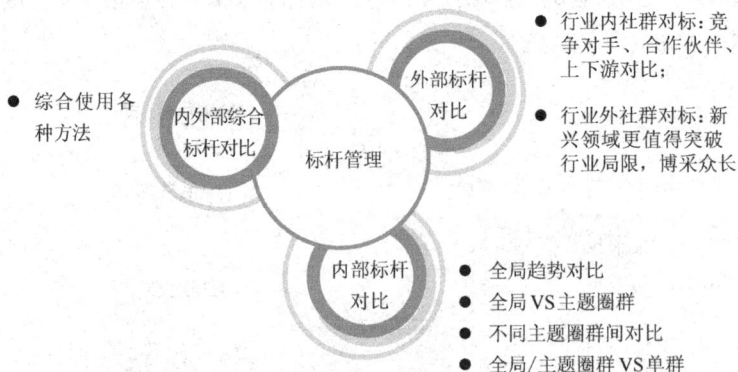

图9-8　标杆管理方法

对比不是为了找缺点，而是为了互相学习并成长。数据只是暂时的表象，数据对比的最终目的是探寻数字背后的动因，以追求精益化运营，有策略地进行迭代。

9.5 建立优秀社群的关键词：克制、减法和聚焦、分享和静默

在经过一段时间的野蛮生长之后，社群开始逐渐沉淀下来，其更深层次的价值慢慢被发掘出来。对于企业来说，社群已成为一个重要的流量入口，是企业连接用户的重要渠道，也是企业与用户进行持续性交流、互动的阵地。

既然社群对企业有着如此重要的价值，那么在建立社群时应该注意什么呢？下面分享几个建立优秀社群的关键词。

1. 克制

克制的重要性从微信上就可见一斑，微信在商业化道路上一直比较克制，为了保证用户体验，即使在做朋友圈广告时也小心翼翼。

当前是第一印象为王的时代。由于互联网技术的发展，人们的周围充斥着各种各样的信息，用户能为每一条信息预留的时间通常只有十几秒，如果在这十几秒内不能用第一印象抓住用户的眼球，后期很难再挽回用户。

社群也一样，大多数人加入到一个社群，肯定是有价值需求的，或者是希望学到一些东西，或者是希望交到更多朋友，没有人是抱着看广告的心理才加入某个社群的。因此，克制一方面是说社群要保证自身能够满足用户的需求，能为用户提供有效价值。当群数量太多，人工操作难以实现时，要学会运用社群机器人协助操作，同时要把相同类别的群进行分类，定时清理那些无法再为用户提供有效价值的群。

另一方面，社群除了要克制自己，还要克制社群成员。当社群人数达到一定规模时，有的人会试图打破现有规则，发广告，甚至有的人加入社群就是为了向别人推销自己的东西，其他人看到后也开始跟风，于是群里充斥着广告、产品推销等信息。如果不及时地加以引导或制止，最终可能会出现"劣币驱逐良币"的现象。因此，当社群形成一定规模后，一定要对社群成员进行筛选，遇到发广告的要及时清除。

2. 减法和聚焦

我们可以先看下自己的微信，相信每个人至少也有几个微信群，然而并不是每个群都被我们充分利用了，许多群对于我们来说处于一种"食之无味，弃之可惜"的"鸡肋"状态。起初我们疯狂地加群，见二维码就扫，逢群就进。后来之所以退出一些群，可能是因为这些群垃圾信息实在太多以至手机内存无法支撑。此时，我们对多数群仍抱有幻想，并不舍得退出。

对于用户来说，要想为自己争取更多的时间去做有价值的事情，避免无效信息占据自己过多的时间和精力，最好的方法就是退出那些"鸡肋群"，只留一些真正

对自己有用的群。

而站在社群运营者的角度来说，用户退群也并非坏事。因为这些人本来也不可能真正转化为有价值的用户，完全没有必要在他们身上浪费过多的精力和时间。运营者需要做的是通过活动活跃社群，不断地对社群进行分流，永远把最有价值的人聚集在一起，还要把成员的价值需求集中在一个兴趣点上。

3. 分享和静默

美国缅因州贝瑟尔国家培训实验室研究发现，人类在不同指导方法下，学习24小时后的知识存有率大致如下：通过阅读学习只能记住不超过10%的内容，通过视听结合学习能记住20%，通过示范能记住30%……但是，通过向他人教授的方式学习能记住高达90%的内容。"向其他人教授"也就是"分享"，分享的过程其实是帮助消化，加深理解的过程。

因此，不管是社群运营者还是社群成员，都要在社群里经常分享一些与社群主题相关的观点。既可以是原创，也可以是转发，它们都可以激发其他成员一起交流讨论，从而碰撞出更多的观点，社群的活跃度自然就提高了。在这个过程中，参与交流的社群成员认知也获得了升级，自己的观点也会给别人很多启发。

当然，社群也不可能一直处于活跃状态，并非每个人都愿意分享，更多的人会习惯性地沉默，他们更喜欢静静地做个围观者。许多社群运营者都建议去激活这部分人，让社群活跃起来，其实不然，一个合格的社群应该是定期做分享，最好形成一种长效机制，而不是一味地追求活跃度，占用社群成员过多的时间。

除了规定的分享和群内交流的时间，其他时间段社群应该保持静默的状态，不要发一些表情、图片、视频等无意义的东西，更不要刷屏。因为有些社群成员可能没有及时参与群内的分享和讨论，当他们后续想要在群里爬楼回看历史信息时，如果无关信息太多，就会增加其查看信息的难度，从而影响用户体验。这就要求社群成员具有一定的自制能力。此外，深夜最好不要往群里发东西，以免影响他人休息，尤其是在夜里11:00之后，一定要保持静默。

【课后习题】

1. 你加入的那些社群是否有已经消亡的？如果有，请分析它消亡的原因，并简述采取哪些措施可以降低社群消亡的概率。

2. 社群KPI有哪些类型？它们存在哪些缺点？简述在设置社群KPI时应该注意哪些问题。

3. 假设你在运营一个社群，应如何对社群的运营状况进行数据化分析？

10 第10章
多平台运营：社群在不同社交平台的运营法则

【学习目标】

➤ 掌握以 QQ 群为载体的社群的运营技巧。

➤ 了解微信群的属性特点、微信公众号的优势。

➤ 掌握以微信群、微信公众号为载体的社群的运营技巧。

➤ 掌握以微博为载体的社群的运营技巧。

　　在不同互联网社交平台上构建的社群带有不同的标签属性。常见的社群有 QQ 群、微信群、微博社群、豆瓣社群等。各个社群依托不同的社交载体，在很多方面存在着一定的差别。本章将介绍社群在不同社交平台的运营法则。

10.1　QQ平台：借陌生人打造用户零散信息"聚合器"

　　QQ群作为社群组建的重要一环，是运营人员促进与用户的沟通、加大产品深度的重要工具。创建一个QQ群很简单，但要想运营好QQ群并不是一件简单的事情。有很多QQ群在创建初期表现得很热闹，但经过一段时间后却逐渐沉寂，群成员之间基本上鲜有交流，或者群内遍布大量的广告帖。其结果可想而知，走向消亡是其发展的必然。那么，如何才能创建一个有价值的QQ群，并使其成为社群运营中一个强有力的帮手呢？

1. 明确创建 QQ 群的目的

　　首先要考虑清楚创建QQ群的目的。建立一个QQ群，肯定需要汇集粉丝，如果你自己都不知道这个QQ群是干什么的，又怎么会有粉丝愿意入群呢？你是想找合伙人? 还是想找投资人? 还是想发展一些潜在的客户? 还是想传播个人的品牌? 再或者是想认识同行业当中的一些"大咖"? 建群的目的要明确,这样才能让群有长远的发展。

2. 设置精准、易记的 QQ 群名称

群名称会对群的定位和方向造成影响,同时也会影响到QQ群的排名,一个好的名称会让QQ群的后期运营事半功倍。

第一,群的名称要符合群的定位。一个好的QQ群,其名称一定会根据群的定位进行设立。第二,群的名称要覆盖范围广,名称应尽可能地覆盖更多的用户。第三,名称要精准,要让用户第一眼看到就知道这个QQ群是干什么的。第四,名称要易记。为什么要易记? 就是为了后续的传播,让人第一眼就能记住的名称、第一眼就被吸引的名称在传播过程中更容易获得关注。

例如,建立一个运营交流的群,"运营交流"即为群的定位,那么以"运营"为基础可以延伸出无数个名称,如"运营交流群""互联网运营群""产品运营群""交流与运营群"等。站在覆盖范围广且精准的角度来看,这个群可能需要的是做互联网的运营人员,而不是传统行业的运营人员,这样可以组合出多个名称,如"互联网运营群""运营互联网群""运营与互联网群""互联网与运营群"等。在这些名称当中更好记的无疑就是"互联网运营群"。当认定这个名称后,就需要重新考虑群的定位是"运营交流",那么就会最终产生一个精准、易记并且符合搜索优化的名称——互联网运营交流群。

3. 做好群标签与群介绍

群标签其实就是关键词,群介绍就是描述,它们都具有非常重要的作用。用户在搜索QQ群时,QQ系统会先根据地域、活跃程度、相关度等来进行搜索匹配,这就会涉及QQ群标签与群介绍。

群标签、群介绍的设置并不难,依旧是先根据自己建立群的目的确定方向,然后通过深入分析建群目的确定人群并扩展覆盖范围。例如,QQ群想要覆盖更多运营方面的关键词,在群标签中就可以写上"产品运营""活动运营""互联网运营""新媒体运营"等内容。

如果想在群介绍中也体现与"运营交流"相关的内容,就应该在介绍群的同时定位精准人群,以覆盖更多用户。例如,要想告诉别人这个群是干什么的,可以这样写群介绍:"本群是从事互联网运营、产品运营、用户运营、新媒体运营、内容运营、社群运营、产品开发、活动运营、市场营销等互联网岗位的人员的交流群。"

图10-1所示为某互联网运营交流群。首先,其名称精准、易记;其次,其群标签覆盖了与互联网运营相关的主要关键词,且群介绍突出体现了群的定位与目的。

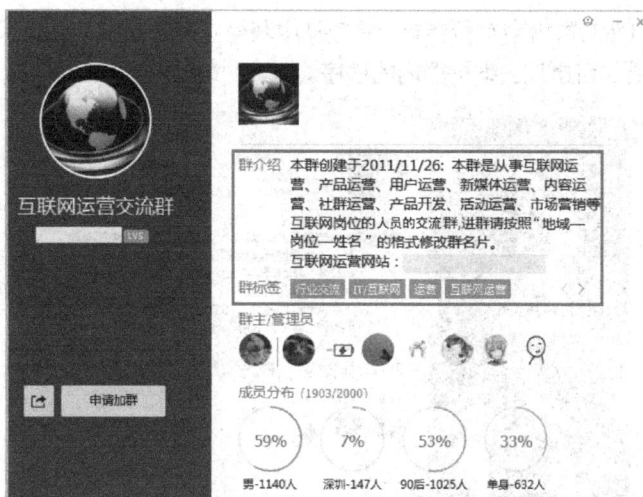

图10-1　某互联网运营交流群

4．设置群规则

"无规则不成方圆"，一个群体必须要有一个规则，并且是不可经常变动的规则。为了给QQ群成员营造一个健康的交流环境，就必须对成员做出一定的规则约束。规则都是"要"或"不要"性质的，从要求和被要求出发来思考规则的制定是一种科学、合理的方法。随着群成员的增多，规则内容也会逐渐增加，如禁止发广告、进群修改名片、禁止发链接、禁止刷屏、禁止对群友进行辱骂等。

既然设置了规则，就必须严格遵守，以体现群的正规性。尤其要严格遵守"严禁广告"这一条，因为广告是最伤害群的，没有人会愿意待在一个整天发广告的群里。因此，一旦有人在群里发广告，在可撤回的时间内管理员要对发广告者进行警告，若警告无效可对其实施禁言。

不过，禁言也是要讲技巧的，过于严肃的禁言会影响群成员的积极性。可以采取更加灵活的禁言方式，比如使用动态表情包，上面写着"朋友需要抽个奖吗"，以此向发广告的人传达"抽奖的内容就是禁言的时间"的信息。这种禁言方式在体现人性化的同时又带有趣味性，也容易引来群成员的围观好评。长期坚持下来，群成员在看到广告后会自觉@管理员出来禁言，也会发那个表情出来调侃一下。这样整个群既遵守了群规，也把禁言这个伤害积极性的事情变得有趣起来。当然，对于屡教不改者也无须留情，直接将其踢出群即可。

5．适当设置门槛

"物以稀为贵"，免费的东西往往不被人珍惜。为群设置入群门槛，是体现群价值的一种方法。假如QQ群是收费的（当然，这个要建立在群成员愿意付费的基础上），那么加入这个QQ群的门槛便是缴费金额，如图10-2所示。群成员必须付费才能入群，自然对群就会有所要求，希望从中获得应有的回报，也就不会轻易放弃这个群，会更加自愿地去维护群内的秩序。

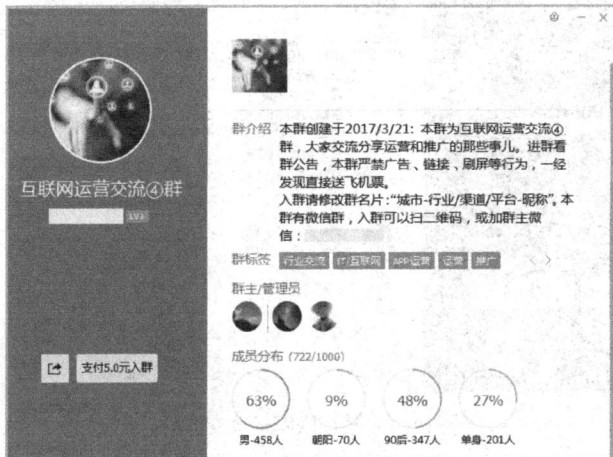

图10-2　为群设置收费门槛

除了收费外，还可以给群设置信息验证的门槛，如图10-3所示。这样更容易吸引精准目标用户，也能让管理员对申请入群的人有一个初步的筛选，使最后加入群的成员都是认可群、真正需要加入群的成员。

图10-3　为群设置信息验证

6. 建立不同层次的 QQ 群

针对不同成员，可以为QQ群划分等级。例如，先建立两个免费公开的QQ群，再用一个月的时间建立一个收费的QQ群。免费的群作为普通群、基础群来运营，收费的群作为高级群、核心群来运营。收费的成员往往都是从免费的、公开的QQ群中得到的。没有门槛和有门槛的QQ群互相配合，一方面能完善群组结构，另一方面如果成员由普通群进入到了核心群，也会让他产生一种荣誉感，进而对群更加忠诚。

10.2　微信平台：用熟人关系搭建营销圈

微信平台是社群运营重要的载体之一，其中最常见的形式就是微信群和微信公众号。而在实际的运营中，微信群和微信公众号又适合不同的操作方式。

10.2.1　以微信群为载体的社群运营

微信群是社群运营中不可或缺的一种工具，很多社群都会采用微信群来做冷启动或用户的后期深度运营，还有很多电商、品牌也会将微信群用作辅助和延伸传统客户关系管理（Customer Relationship Management，CRM）的工具。

微信群能将相同类型的用户聚集到一块，让他们在特定的活跃周期内进行快速的交流。当然，这些发散的群想要发挥价值就离不开运营。运用恰当的运营手法，微信群也可以做好用户圈层及深度服务。

1．微信群的属性特点

与QQ群、微博等其他群组相比，微信群具有一些特别的属性，这些属性会对微信群的运营方法产生影响。

（1）微信群更易出现"劣币驱逐良币"的现象

QQ群中偶尔会出现一两条刷屏的广告，给群成员造成的影响相对较弱。但在微信群中，尤其是一些高质量的微信群中出现刷屏广告，将会导致发广告的群成员被清出群或者刺激群内一部分人退群。这就意味着群运营管理员除了要及时关注群内动态以外，还需要制定相应的规则并且有效地执行，以引导良好的群氛围。没有运营手段介入微信群，往往会出现越来越多的广告和"三俗"内容，使群内充斥着没有价值的闲谈，这样的微信群很容易就会随着群成员私下加好友而失去存在的意义。

（2）微信群更加强调社交效率

微信群更加强调社交效率，具体表现如下。

* 群环境较封闭：扫群二维码满100人后，用户就不能再继续通过扫码加入群了。
* 即时最新信息：虽然有最新消息提醒，但若红点信息数量过大，容易让用户直接选择不查看。
* 提醒功能：@提醒功能可以让用户隔离无关信息。

微信群的这些功能让用户从众多的消息中筛选出跟自身关联性最大的人及信息进行沟通。常见的一种情况是在QQ群中几个核心成员沟通较多，而其他大部分人处于"潜水"的状态。但在微信群中，如果几个核心成员"灌水"沟通，导致群无关信息红点过多，很容易刺激其他微信群成员退群。

（3）临时群与长期群存在明显差别

虽然QQ也有不同级别的群，还有讨论组，但其临时性和长期性的区别不太明显。微信群则不同，其临时群的存活期大概为1周，长期群的存活期一般会在30天以上。在价值表现上，临时群更倾向于事件驱动（如红包群、临时会议等），而长期群更倾向于关系互动（如同事群、班级群、跑步群等）。当然，这并不是说长期群的价值就一定比临时群的价值大，要根据不同的运营目标搭建相应的群。

（4）微信群容易受到群成员角色结构的影响

有些人认为，由于付费让人付出了成本，所有付费群提供的价值都要比免费群高。当然，这是其中一个原因，但更深层次的原因是很多付费的群因为有费用的支撑，可以构建相对完整、合理的微信群社交角色。

在这样的微信群中，有"大咖"（领袖价值）、管理员（时间成本投入）以及定向邀请的相同属性的人群（社交关系的价值）……这些角色因为有费用的支撑会充分发挥其角色作用。当然，一个免费的群如果具有一定的IP影响力，也可以吸引群成员，形成良好的社交角色结构。

（5）微信群需要建立适合自身的延伸资源

孤立运作微信群的难度是非常大的，同时由于微信群所具有的独特产品属性，想让微信群发挥价值，就需要设计好延伸资源的用户流动路线，建立适合微信群自身的延伸资源。这些延伸资源包括具有一定数量用户的微信个人账号、微信公众号以及QQ群等。

2. 微信群运营思路

根据微信群所具有的特征，在实际操作中运营微信群需要从用户圈层及深层服务两个方面来进行。

（1）用户圈层

用户圈层是一个微信群发挥运营价值的开始。做好用户圈层就是以数据分析及用户分析为基础，定向邀请具有同类标签的用户进群，并且在群内设置合理的用户结构。

例如，借助特定的主题活动定向邀请具有相同需求的人入群，在群内设置不同的用户角色。角色设置要有第一批参与活动的体验用户，他们可以解答问题，邀请更多的人入群；角色设置还要有管理员，发挥引导活动的作用；还要有造势的用户，让他们来引导群成员转移关注力。

（2）深层服务

群的深度服务需要结合微信群特定阶段的运营目的来进行。很多微信群之所以会在运营过程中消失，主要就是因为它缺乏深度服务的驱动。因此，微信群完成前期用户圈层的建设后，不同属性的群需要根据自身的属性及运营目标定制不同的深层服务运营方式。当然，深层服务运营的核心是群利益的运营。

例如一个首购用户群，可以将"种子"用户的培养或用户复购的激活作为自己深度服务的方向。根据用户首购的产品与用户属性，可以向用户推送相应的关联购物或重复购物优惠信息等。

此外，一个提供深度服务的群，还需要设置有效的群规则并做好群互动。如果微信群仅有一群人的利益，而缺乏了互动与规则的引导，最终微信群的效果可能还不如一个群发的通知。

3. 如何让微信群产生有价值的 UGC

有价值的UGC（用户原创内容）是社群的重要组成部分。如何让微信群里的群友"开口"说话？如何在微信群里获得有价值的UGC呢？

（1）建群初期：明确群目的、群规，搜集"种子"用户

创建群不可仅凭一时头脑发热，首先要做好群定位，明确群目的，并设置有效的群规则，随后要思考获取哪些UGC来帮助实现群目的。

社群建好后，首先要搜集超过50人的"种子"群友。因为通常来说社群的人数在50人以上时，群友才会愿意"开口"聊天，否则群就容易陷入群主自唱自嗨的尴尬局面。

可以从一些官网、官微、订阅号等渠道导入粉丝，因为这些渠道中的用户本来就自带标签，更容易对其进行转化。如果无法通过这些渠道找到用户，可以将自己熟悉的好友拉入群里，然后后期对其进行培养、转化。

首批"种子"用户入群后，群主要向其重申群目的，并进行一定的话题引导，激发群友的讨论热情。建群之初和群友讨论的话题不要有明显的目的性，可以是群友关心的日常生活、社会热点等小事，主要目的是为了让每个群友都要有话说。运营一星期左右后，可以鼓励群友修改群备注，并开始逐步将话题向"社群目的"的方向引导。

（2）运营前期：100～200人，以日常内容引导、拉新留存为主

当群的规模达到100～200人时，社群已经形成了群友"闲聊"的氛围，并开始出现脱离群目的的"自嗨"内容。待群内出现自带活跃性质的KOL（关键意见领袖），社群就会呈现出首波繁荣的假象。但是，一旦KOL、群主停止话题引导，群内就会快速陷入沉寂的局面。同时，这个时期也是微商、代购最容易潜入的时期。因此，这个时期内群主做的主要就是话题内容引导，以及群友的门槛化拉新留存。

① 话题引导。首先，群主要进行内容的日常维护，如每日的早安问候、晚安问候等。同时，要结合具体的节假日、社会热点等群友关注度高的内容做好话题引导。

其次，群主可通过小号切换，借助标签化内容的积累，刺激群友生产"跟风"内容，为群营造氛围。当群主发起了一个定位明确的标签化内容却没人回复时，就可以用小号模式去切换，先营造3～5条自我娱乐的内容，随后必然会带动群友的讨论。

② 严格群规，拉新留存，建立管理架构。首先，要将乱发广告的代购、微商剔除。如果一个群满屏都是微商、代购广告，那表明这个群已经陷入了无人管理的状态，同时也说明这个社群开始衰退。

其次，要对新成员做好审核，对新入群的群成员进行一定的精准化划分。对于那些与群定位不符的入群申请，不要予以通过。同时，可以根据具体情况要求群成员修改自己的群备注。有新群友入群时，群主要表示欢迎，并让新人进行自我介绍，增强新人入群的仪式感。一般来说，越是管理严格的社群，新人入群的仪式感做得越好。

最后，建立完善的群管理架构，让一个人管理变为多人管理。要将KOL、明星群友进行培养和转化，让他们成为帮助自己管理群的"自己人"。KOL和明星群友本身就是群里的活跃分子，他们能带动群氛围，并给群拉来大量新人。

当群内容日产出超过5000条时，群主可以设置2~3个副群主、值班群主，让他们享受部分管理社群的权力和职责，并在群内公布相关岗位和职责，增强他们的荣誉感、使命感、参与感。同时，要定期召开管理大会，商讨群管理办法、线上线下活动形式，以及要讨论的具体话题等。

（3）运营中后期：严格管理、做好总结

当群规模达到300~500人时，无需群主的引导，群成员就已经可以自行生产大量的内容了。此时，群主的主要工作就是做好群管理，包括管理群成员的话题内容，定期做好整理、汇总，并将有用的UGC应用到产品更新迭代中，让群成员看到他们自己的想法、建议变成了现实。

① 内容管理。群友越多，越容易产生大量的闲聊内容。此时群主就不再适合沿用之前的直接提供话题的方式来引导群成员交流的内容，可以运用"群公告"将群成员引流到具体产品的线上活动，然后收集他们的意见、建议，从中选取实用性最强的意见，将其运用到产品中进行产品优化。

② 用户管理。此时的社群是目标用户和精准用户并存的"母群"，可以通过一些精准的线上、线下活动来帮助增强用户黏性，并实现营销转化。线上的交流始终是一种弱关系的交流，而定期的线下活动可以将这种弱关系转变为强关系。同时，线下活动需要用户付出时间成本，也是一种检验用户忠诚度的有效方法。

10.2.2 以微信公众号为载体的社群运营

对于社群来说，微信公众号（以下简称公众号）是一种非常好的载体。早期的"罗辑思维""吴晓波频道"、李笑来的"学习学习再学习"等社群都是先靠个人魅力建立公众号，然后以此为社群入口吸引精准粉丝，后续再做线下活动、商业演讲、App产品等，最终形成庞大的社群规模。

1. 公众号孵化社群的优势

从公众号孵化出来的社群具有先天的优势，主要表现在以下两个方面。

（1）体现门槛的先天优势

在互联网时代，商业已经从"物以类聚"走向了"人以群分"。微信公众号就是一种最能体现"人以群分"的工具。与其他社群工具相比，微信公众号在用户精准画像、关键链的连接及信息交流等多个方面都具有先天的优势。

从用户精准画像的角度来说，长期关注一个优质公众号的人群本身就具有志同道合的天性，他们之间由此产生的关键链的连接自然也就更具信任感。同时，关注公众号的用户一般都是认可公众号输出的内容的，于是公众号和用户之间就会产生信息资源的共享和流动，这种非正式的组织结构更方便人们在其中交流，这也是社群经济不可或缺的流量导入。因此，从公众号孵化切入社群经济的运营模式在受众、关系链及内容信息平台方面具有一定的基础。

（2）拥有实现商业变现的基因

在互联网出现之前，商业的基本形态是人们必须要到线下的门店才能实现购物，人需要围绕着门店、围绕着实物展开消费活动。而互联网的出现打破了这种商业模式，人们不需要到线下门店就可以完成购物。电商平台、厂商和物流商在进行商业活动时都是以用户需求为核心，商业模式不再是基于产品，而是基于人。产品与用户之间不再是单纯的功能上的连接，消费者更在意的是附着在产品功能之上的诸如口碑、文化、魅力、人格等灵魂性的东西。

基于此，那些由已经拥有群众基础的微信公众号孵化成的社群，天然拥有实现商业变现的基因。微信公众号用户的关注点更多集中在公众号推送的内容上，进而就会关注内容当中所含的商品元素，最后就会产生消费行为，公众号也就实现了商业变现。

目前上线的打赏、广告等功能，能为优质的公众号提供更多的变现机会。当优质的公众号可以脱离物质继续生存时，运营者就可以有更多的时间去用初心打造社群，持续不断地为用户输出好的内容，用户就更加愿意接受其衍生内容的商业推荐，这样才能形成一个好的商业循环链条。

例如最具影响力的互联网知识社群之———"罗辑思维"，它的服务对象主要是"80后"和"90后"等有"爱智求真"强烈需求的群体。最早时"罗辑思维"以微信公众号为切入点，全年365天每天都在早上6:30左右发送语音，用户可以根据语音提示的关键字进行互动并获取相应的更详细的文字材料；随后由微信公众号发展出App、微商城产品。

2. 做好微信公众号社群管理的技巧

微信公众号是社群运营的有力载体，但做好微信公众号的运营并非易事，需要注意以下问题。

（1）确定并满足用户需求，走进用户的内心

无论是传统企业还是互联网企业，无论是做产品还是做服务，每个运营者都在抱怨获取用户难、留存用户难。难于走进用户内心，是企业在用户消费升级大背景下普遍遇到的问题。

对于一个公众号来说，用户愿意加入，无疑是想从中获得更多更优质的信息，或者是希望能够通过信息共享扩大自己的人际关系网。如果无法满足用户的需求，最初可以通过非常规的方式将用户吸引进来，但当用户发现真相之后，他们随时可能离开。当然，一个公众号也不可能满足所有人的需求，如关注某个求职公众号的大学生们，有些是希望获得国企校招的信息，有的是希望获得外企校招的信息，还有些是希望获得笔试、面试经验，但一个公众号不可能满足所有人的需求。因此，公众号要根据用户的具体情况来运营。

此外，现在的用户关注的不再只是底层需求，他们追求的是更高层次的精神、心理需求。因此，早先就覆盖一批精准粉丝的公众号，要形成与用户心与心的交流和碰撞，以满足用户的精神需求，这样才有利于强化公众号与用户的连接，建立起更具深度的用户关系。

（2）将用户分级，培养核心用户

按照金字塔模型，位于最上方的用户数量是最少的，但他们是核心用户。这些人不是简单地加入了公众号，而会积极参与公众号的各项活动，还可能提出一些改进的建议，让公众号发展得更好。因此，对于这部分用户，运营者一定要主动与他们取得联系，做好关系维护，因为他们就是口碑传播的节点，也是活跃整个群体的主力。

（3）引导用户产出优质内容

首先要确定公众号的定位。如果公众号没有一个明确的定位，就会让用户找不到归属感，更无法有效地沉淀用户。例如今天进来一个用户，他可能是对公众号中的某个方面有些兴趣，明天他发现原来他所感兴趣的内容不过只占了公众号的1%，于是选择了离开。公众号用户的流动性大会非常不利于忠实粉丝的培养。

明确公众号的核心优势后，就要把一些比较好的内容放在用户比较容易发现的板块。这时可以请一些业内专业度较高、有独特见解的资深人士帮忙创造内容，带动人气。例如，知乎是由李开复带动的，微博是由明星带动的。因此，公众号前期的爆发不妨利用一些所谓的"明星效应"。

待公众号积攒了一定的人气后，要从所有用户中筛选出目标用户作为"种子"用户，然后让"种子"用户在自己活跃的各种社区、论坛、贴吧等平台对公众号进行宣传，以吸引更多的目标用户进入公众号。

与普通用户相比，"种子"用户会更加贴近公众号，因此他们生产出来的内容

也很优质。对于这批用户可以适当放权，让他们在公众号中享有信息发布权、发言权等。给了他们一些权限之后，一定要适当地给他们一些自我表现的机会。例如，可以建立等级制度，如新浪的"大V"认证，让他们感觉有义务为公众号创造更多的优质内容，同时为公众号的气氛造势、做宣传，吸引更多的有相同话题的用户加入公众号。

（4）提升公众号活跃度与用户沉淀

当公众号积累了一定规模的用户后，除了需要不断地创造优质内容，还需要提升公众号的活跃度，沉淀用户，让越来越多的用户变成忠实用户。另外，还要防止公众号产生一些"看客"，即只看看不说话的用户。因为这种用户一旦形成，从某种意义上来说便意味着"僵尸粉"的诞生，公众号的活跃度会受到直接的影响。因此，在用户沉淀的同时还要注意提升公众号的活跃度。具体方法如下。

① 培养意见领袖。这与"明星效应"有些类似，但又不完全相同。运营者可以从公众号的用户中挑选出一部分精英，让他们担任不同版块的版主、副版主，在相应的版块中起到带头作用，以调动各个版块的气氛。

② 建立互动机制。微信公众号营销的本质是互动，传递价值，维护老客户，影响新客户。公众号要做好服务，对客户发来的信息要做到有问必答。一些企业只是把微信公众号当成宣传工具，每天准时发送广告，却没有互动，所以缺乏生命力。

如果条件允许，还可以针对互动活跃的用户组织线下的交流，这样可以形成粉丝团队和传播"种子"，对微信公众号的发展十分有利。

（5）塑造品牌人格化

品牌意味着知名度和影响力，意味着巨大的商业价值。拥有一个备受关注的品牌一直是各个企业追求的目标，这也包括公众号和从公众号孵化出的社群。财经专家、"吴晓波频道"社群创始人吴晓波在一次演讲总结与预判中谈到，一切品牌都将人格化是互联网时代下商业社会的呈现。

品牌人格化是为了增加品牌的温度和亲和力，赋予品牌以各种人格化的特征，如代言人、Slogan（口号）、Logo、吉祥物等。其中，最核心的是品牌的价值观、态度与格调。我们看到的王石与万科、董明珠与格力、雷军与小米、"罗辑思维"与罗振宇、"吴晓波频道"与吴晓波等都是品牌人格化的成功案例。

10.3　微博平台：以粉丝为枢纽构建"粉推经济"

移动互联网背景下的文化产业，其实质就是一场艺术与金钱的运筹、思想与网络的对话，经济模式与大众创意的权衡。其中，粉丝是一个枢纽，也是最有趣的一个变量。随着微博这种社交媒体的逐渐成熟，"后援会""粉丝团""资讯博""视频博""打榜博""图集博""反黑站"等一站式架构让粉丝赋能成为常态。粉丝可以打赏、众筹支持偶像，可以联合协作，也可以共同参与到产品的生产和营销当中去。从这个角度看，粉丝族群甚至成为连接偶像、粉丝与商家的商业化桥梁。

10.3.1　微博社群的发展阶段

利用微博创建社群是非常耗时的，绝不是一朝一夕就能建成的，需要长期的逐步积累。在微博社群的创建过程中，吸引网友留言和网友参与很重要，同时还要给网友提供互动的场所，创造一种归属感，让网友发自内心地接纳微博，并认同这个微博账号的价值观。

微博社群的创建一般会经过五个阶段。

1．第一阶段：你自己

在微博社群发展的早期，也许它就是你一个人的舞台，如图10-4所示。如果幸运，你的亲朋好友或者同事可能会偶尔来几次。

在早期阶段，需要坚持用一种诱人的方式来吸引用户的关注。这个阶段也是锻炼社群创建者心态的关键时期。社群创建者要对以下问题进行思考：我要建设什么类型的社群？我要塑造什么样的价值观？微博可以接纳的行为底线是什么？对这些原则性的问题越清楚，以后的社群建设之路就能走得越久。

图10-4　微博社群的最初状态

2．第二阶段：用户和你交流

经过一段时间的运营后，开始有了用户访问，此时微博的状况如图10-5所示。

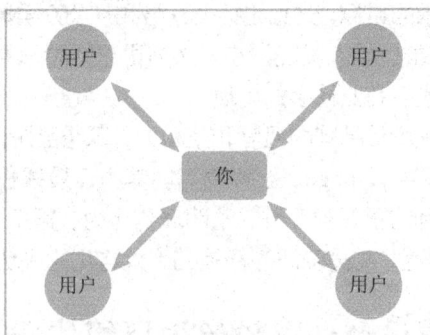

图10-5　用户和你形成交流

在这个阶段，你仍然是微博的中心，所有的交流都是围绕你发生的。用户向你表达他们的想法，会给你发电子邮件，向你提问等。此时，你要积极、主动地给予用户回应。此阶段是设想社群文化和参与的基础阶段，如果你主动联系并真心关心这些用户，他们就会关注你的一言一行，并对你有所回报。

3．第三阶段：用户相互交流

随着用户数量的不断积累，用户之间开始相互交流起来（尽管可能彼此并不认识）如图10-6所示。也许有些用户讨论的内容与微博发布的内容无关，而是他们互相感兴趣的话题，看起来好像不太和谐，但这正表明真正的社群已经开始发展了。

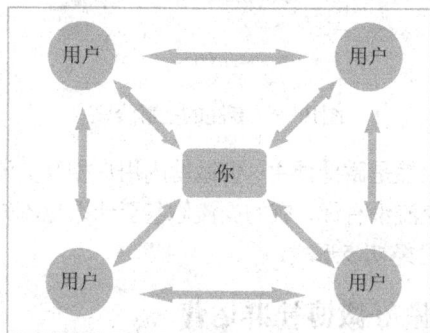

图10-6　用户与用户之间形成交流

当用户之间的交流达到一定的深度的，你在微博上建立的社群的参与度也会越来越高，虽然此时你仍是微博的中心人物。

4．第四阶段：社群宣传者

在这个阶段，你会发现一些忠实的用户开始四处宣传你的微博了。他们喜欢阅读微博中分享的实用内容，并向周围的朋友推荐这个微博，如图10-7所示。

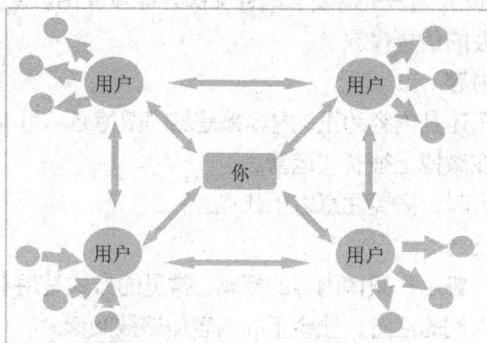

图10-7　用户成为宣传者

5．第五阶段：专注的社群

最后一个阶段看起来显得非常混乱，但在那些成功的微博博主的眼中这种现象却是一幅美妙的图画，如图10-8所示。

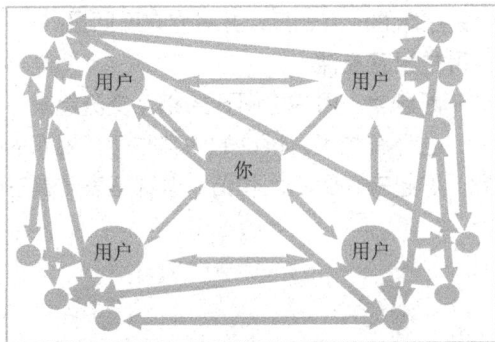

图10-8　专注的社群阶段

在这个阶段，你虽然是微博博主，但微博内用户相互交流的关系非常复杂，有的交流包含你，有的交流没有你，有的交流你甚至什么也不知道，这正表明一个颇具活跃度的微博社群已经初步形成。

10.3.2　如何做好微博社群运营

微博是一个粉丝掌握话语权的地方。那么，怎样才能做好微博社群的运营呢？

1. 做好用户定位和分析

微博是非常适合官微进行产品展示、营销、客服、用户交流的平台，如果你做得足够好，将会用最小的成本将自己的内容推向数以亿计的用户，成为他们生活中的热点话题。但这都是基于你的粉丝，有足够的粉丝才能体现你所生产的内容的价值。所以，找到适合你的微博的粉丝圈是微博运营的第一步。所谓"物以类聚，人以群分"，信息只有投放到一个需要它的社交圈才能体现出价值。找到这个圈子后，就可以进行有针对性的信息投放了。

2. 设计微博内容

不管是渠道为王还是内容为王，内容都是热门微博必不可少的。大肆传播的空虚的内容终将不会在微博上被长久运营。

在设计微博内容时，需要注意以下几点。

（1）注意标题技巧

微博的第一句一般用作微博内容的标题，常见的方式是用【 】括住。一个好的标题可以迅速引起人们的注意，让余下的内容能够被阅读。

（2）活跃的文字风格

专业的微博往往是枯燥的，而大多数人都不喜欢严肃、枯燥的内容，如果在专业的内容中加入网络热门用语，使文字风格活跃起来，就会吸引更多的粉丝。

（3）引起粉丝的共鸣

能够引起粉丝共鸣的信息，其本身更具有附着力，更容易被传播。从微博内容来说，最基本的就是不要偏离社会价值观，说正确的事情，进一步寻找和发布潜在的、没有被挖掘的准确信息。

（4）控制博文字数

微博最好还是控制在140字以内，实际正文控制在100字左右，给话题、@作者等预留空间。转发的内容应控制在100字以内，便于二次转发的朋友提出观点。

（5）遵循微博官方潜规则

长文章、秒拍视频、微博橱窗等方式能够在一定程度上提升微博内容的曝光率，更多地发布这些内容有助于提升阅读量。微博内容应尽量避免涉及微商、微信等信息，减少外链的发布，不发二维码图片，以免导致微博的降权。

（6）适当转发并评论精彩内容

看到精彩的、对自己微博粉丝有价值的微博、长文章应转发并加入内容总结或自己的观点。转发时应勾选"同时评论原微博"，提升互动的可能性。

（7）适当发起投票

如果投票话题引人关注，参与投票的用户都会选择自动发布一条微博，这条微博会@投票发起者，有助于提升个人微博的曝光率。

3. 选择用户活跃的时间发布微博

数据研究表明，在一天24小时中，上午9:00—11:00、下午2:00—3:00粉丝的互动性不高，此时用户多忙于工作；而在17:00—23:00，用户基本忙完了工作，有足够的时间到网上娱乐，因此互动的热情高涨。

而在一周中，周一、周二用户反应相对冷淡。这是因为用户在周一、周二时往往面临比较大的工作压力，心理处于紧张期，对于他人微博的反馈积极性不会很高。到周三、周四后，用户进入一周的稳定期，对于微博的反馈积极性会有明显的提高，因此这时的转发和评论量都会比较高。到了周五、周六、周日，用户基本结束了一周的工作，更有时间在微博上活跃。

因此，选择在用户的活跃时间段发布内容，往往会达到事半功倍的效果。当然，微博内容的发布时间也不是一成不变的。比如发布短视频，由于视频内容较长，用户观看时很容易引起周围人注意，因此发布时间选择在中午下班前的11:40左右或晚上8:00左右比较好，这样既可以保证发布的内容能在第一时间推送到用户眼前，又能让用户安心地观看。

4. 转发微博所占的比例

在微博的发布中，需要坚持原创直发为主，适当转发为辅。根据实际运营经验，转发微博的量控制在10%以下较为适宜。如果转发的内容太多，第一给其他微博账号做了过多的广告；第二会让用户觉得微博没有个人的原创，粉丝会觉得厌烦；第三会给粉丝留下拾人牙慧的印象，这样会对微博的品牌造成负面影响。

5. 微博内容@人数量

发布微博内容时，有时需要@其他人。在这个@人的数量上，也有一定的讲究。一般来说，@人的数量在1～3人为宜。如果超出3人，太多@的用户连在一起，会让粉丝在看微博时产生视觉压力，此时他们往往会选择跳过阅读，这就失去了微博粉丝营销的意义。如果确实需要@多个人，可以选择私信、评论@多个人或者分开逐条@等方式来发布。

【课后习题】

1. 搜索微信公众号"罗辑思维"，试分析其运营模式。
2. 搜索"秋叶PPT"的微博账号"秋叶"，试分析其运营模式，从中可以吸取哪些经验？